둥글둥글 지구촌
수도 이야기

함께 사는 세상 12

둥글둥글 지구촌
수도이야기

초판 1쇄 발행 2013년 7월 15일 | 초판 11쇄 발행 2024년 5월 31일
지은이 박신식 | 그린이 유남영
펴낸이 홍석 | 이사 홍성우 | 편집부장 이정은
편집 정미진·조유진 | 디자인 권영은·김영주 | 외주디자인 송태규
마케팅 이송희·김민경 | 제작 홍보람 | 관리 최우리·정원경·조영행
펴낸곳 도서출판 풀빛 | 등록 1979년 3월 6일 제 2021-000055호
주소 서울특별시 강서구 양천로 583 우림블루나인 A동 21층 2110호
전화 02-363-5995 (영업) 02-362-8900 (편집) | 팩스 070-4275-0445
전자우편 kids@pulbit.co.kr | 홈페이지 www.pulbit.co.kr
블로그 blog.naver.com/pulbitbooks | 인스타그램 instagram.com/pulbitkids

ⓒ박신식, 2013

ISBN 978-89-7474-184-6 74980
ISBN 978-89-7474-913-2 (세트)

이 도서의 국립중앙도서관 출판예정도서목록(CIP)은 서지정보유통지원시스템 홈페이지(http://seoji.nl.go.kr)와
국가자료종합목록 구축시스템(http://kolis-net.nl.go.kr)에서 이용하실 수 있습니다. (CIP제어번호: CIP2013009323)

* 책값은 뒤표지에 표시되어 있습니다.
* 파본이나 잘못된 책은 구입하신 곳에서 바꿔 드립니다.

품명 아동 도서	**사용연령** 10세 이상	
제조국 대한민국	**제조년월** 2024년 5월 31일	
제조자명 도서출판 풀빛	**연락처** 02-363-5995	
주소 서울특별시 강서구 양천로 583 우림블루나인 A동 21층 2110호		
주의사항 종이에 베이거나 긁히지 않도록 조심하세요.		
책 모서리가 날카로우니 던지거나 떨어뜨리지 마세요.		
KC마크는 이 제품이 공통안전기준에 적합하였음을 의미합니다.		

함께 사는 세상 12

둥글둥글 지구촌
수도 이야기

박신식 글 | 유남영 그림

 작가의 말

수도는 역사와 문화의 거울이다

　인간은 혼자 살 수 없어요. 그래서 아주 오래전 농사를 짓기 시작할 때부터 많은 사람들이 한곳에 모여 살며 도시를 만들었지요. 도시는 마치 자석이 철가루를 끌어당기는 것처럼 수많은 사람들을 끌어당겨서 점점 커졌어요. 지금은 전 세계 사람들의 절반 정도가 도시에 모여 살고 있답니다. 즉, 세계의 수많은 어린이들 또한 도시에서 생활하고 있지요.

　이렇게 많은 사람들이 도시에 모여 살게 되자 여러 가지 문제들이 생겨났어요. 하지만 그 문제들을 하나하나 해결하면서 도시는 더욱 발전했지요. 또, 도시는 정치, 경제, 문화, 종교의 영향을 받아 수많은 이야기를 만들어 냈어요. '신은 자연을 만들고, 인간은 도시를 만들었다.'라는 영국 시인 윌리엄 쿠버의 말처럼 도시의 역사는 곧 인간의 역사라고 할 수 있어요. 그렇다면 도시의 미래는 우리의 미래라고도 할 수 있겠지요?

　세계의 2백여 개의 나라에는 수많은 도시가 있어요. 그렇지만 각 나라를 대표하는 수도(首都)는 단 하나뿐이지요. 수도는 그 나라의 수많은 도시들 중에서 중심이 되는 도시라고 할 수 있어요. 즉, 수도는 한 나라의 정치, 경제, 행정의 중심이 되는 도시랍니다. 그래서 대부분의 수도에는 중앙 정부가 있고, 그 나라의 최고 지도자가 일을 하는 곳도 있어요.

　수도는 한 나라에서 가장 발달된 도시인 경우가 대부분이에요. 그래서 인구도 무척 많지요. 각 나라의 수도는 그 나라 고유의 역사와 전통을 지니고 있어요. 특히 고대부터 번영했던 나라는 문명의 중심이었던 수도를 통해 그 나라의 역사와 문화를 더 자세히 알 수 있어요.

　《둥글둥글 지구촌 수도 이야기》는 총 17개의 나라를 대표하는 17개의 수도 이야기를 담았어요. 먼저 각 나라들이 어떤 지역에서 어떤 역사를 가지고 성장했는지, 그 주요 특징들을 짚어 보았어요. 그리고 어떤 위치에 어떤 이유로 수도가 자리 잡게 되었는지, 수도의 형태와 형성 과정 등을 역사적인 관점에서 살펴보았지요. 더불어 수도에 있는 주요 문화재와 옛날 생활 모습 등 수도 안에 담겨 있는 문화들을 살펴보면서 과거와 현재의 다양한 모습을 두루 볼 수 있게 했답니다.

　이렇게 각 나라의 역사와 문화를 이해하고 수도의 형성 과정과 그 속에서 생활하는 사람들의 모습을 살펴보는 것은 매우 좋은 공부가 될 거예요. 우리 어린이들이 미래의 수도와 도시, 즉 나라를 이끌어 가며 새로운 역사와 문화를 만들 주인공들이기 때문이지요. 자, 그럼 이제부터 흥미로운 수도 이야기를 만나 볼까요?

박 신 식

차례

작가의 말 4

① 아시아

네팔의 카트만두 세계의 지붕 히말라야를 품은 네팔 10 물만두? 군만두? 카트만두! 12 살아 있는 신, 쿠마리 14 바람이 읽어 주는 마니차 15 전통 의상 토피와 사리 17

싱가포르의 싱가포르 아시아의 진주 싱가포르 19 총칼보다 무서운 법률 23 콩글리쉬? 싱글리쉬! 25 사자와 정원의 도시 26 21세기 피사의 사탑 27

인도의 뉴델리 인더스 문명의 발생지 29 새로운 델리, 뉴델리 32 금강산도 식후경! 35 아름다운 건축물이 무덤이라고? 36

일본의 도쿄 가깝고도 먼 나라 일본 38 일본 현대 문화의 중심 도쿄 41 복을 불러오는 고양이 42 에도 시대를 간직한 아사쿠사 43 맥주 거품이 응가를 닮았다고? 45

중국의 베이징 인구도 많고 땅도 넓은 중국 47 베이징의 3대 문화유산 50 관우를 모시는 중국인들 53 만만디와 빨리빨리 54 자식이 아니라 소황제? 56

② 유럽

독일의 베를린 분단국가에서 통일 국가로 60 분단의 아픔을 지닌 베를린 62 신호등의 상징, 암펠만 65 장래 진로는 초등학교 4학년 때 결정 66 속도 제한 없는 아우토반 67

러시아의 모스크바 보드카와 흑빵을 사랑하는 민족 69 유럽과 아시아를 아우르는 러시아 71 러시아의 심장, 모스크바 73 인형 속에 또 인형이? 75 러시아인들의 휴식지 다차 76 질서 의식이 뛰어난 모스크바 사람들 78

영국의 런던 영국은 잉글랜드가 다가 아니다 80 해가 지지 않는 나라의 유니언 잭 82 관광 명소로 가득한 런던 83 공원과 택시, 그리고 축구 88

이탈리아의 로마 로마가 나라 이름이었다고? 91 사랑의 도시 로마 93 도시 안의 도시 국가 바티칸 시국 96 파스타와 피자 없이는 못 살아 98

프랑스의 파리 육각형 모양의 프랑스 102 파리의 기원 센강 104 문화와 예술의 중심지 106 지구상의 모든 것을 요리해 108 파리에 사는 파리지앵 110

3 아메리카

멕시코의 멕시코시티 화려한 문명을 꽃피운 멕시코 114 태양의 유적지 멕시코시티 116 선인장의 나라 120

미국의 워싱턴 D.C. 콜럼버스가 발견한 새로운 대륙 123 세계의 수도 워싱턴 D.C. 125 미국의 51번째 주를 꿈꾸는 도시 129

브라질의 브라질리아 아마존이 숨 쉬는 브라질 131 도시 자체가 예술인 브라질리아 133 삼바와 축구의 공통점은? 136

아르헨티나의 부에노스아이레스 탱고의 고향 아르헨티나 139 남미의 파리 부에노스아이레스 142 부에노스아이레스의 자랑거리 145

칠레의 산티아고 기다란 남미의 나라 칠레 147 남미의 심장 산티아고 149 악마는 와인 저장고를 지킨다 151

4 아프리카와 오세아니아

이집트의 카이로 아프리카와 아시아, 유럽을 잇는 이집트 156 아랍 세계의 수도 카이로 159 피라미드와 스핑크스 161 이슬람 속의 기독교 163

오스트레일리아의 캔버라 국토가 하나의 대륙인 오스트레일리아 166 오스트레일리아의 원주민 168 황무지 위에 세운 도시 캔버라 169 한여름의 크리스마스 171 도시 속 신기한 동물들 173

1 아시아

유럽의 동쪽, 태평양의 서쪽에 위치하고 있는 아시아는 지구상에서 면적이 가장 넓은 대륙이야. '세계의 지붕'이라 불리는 히말라야산맥을 비롯해서 세계적으로 높은 산들이 많이 있지. 그렇다면 히말라야산맥의 3분의 1을 차지하고 있고, 세계에서 가장 높은 산 10개 가운데 8개를 가지고 있는 네팔의 수도 카트만두는 어디에 위치해 있을까?

아시아는 여러 대륙 중 인구가 가장 많아. 특히 중국은 영토도 넓지만 인구가 13억 명에 이르는, 세계에서 가장 많은 사람들이 사는 나라야. 이렇게 넓은 중국의 수도는 베이징이란다. 베이징에 어떤 문화가 있는지 궁금하지?

또한, 아시아에는 고대 문명을 일으킨 티그리스강과 유프라테스강, 황하강, 인더스강이 있어. 그중 인더스강에서는 기원전 3천 년 무렵부터 인더스 문명이 번성했지. 인더스 문명의 발생지인 인도의 수도 뉴델리는 어떤 모습일까?

한편, 일본은 우리나라와 가깝고도 먼 나라야. 일본의 수도인 도쿄는 아시아를 대표하는 도시라고 할 수 있지.

싱가포르는 크기가 서울과 비슷하지만 경제적으로는 매우 잘사는 나라야. 작은 나라 싱가포르의 수도 싱가포르는 어떻게 경제적으로 발전할 수 있었을까?

이제부터 카트만두, 싱가포르, 뉴델리, 도쿄, 베이징을 둘러보도록 하자.

네팔의 카트만두

세계의 지붕 히말라야를 품은 네팔

세계에서 가장 높은 산이 어떤 산인지 아니? 바로 네팔과 중국 사이에 있는 에베레스트산이야. 에베레스트산은 아시아 대륙에 있는 히말라야산맥에 있는데 8천 미터 높이의 산들이 쭉 늘어서 있는 히말라야산맥은 세계의 지붕이라고 불려. 사계절 내내 눈으로 덮여 있는 히말라야는 산스크리트어 _고대 인도 아리안 언어_ 로 '눈이 사는 곳'이란 뜻이야. 풍광과 잘 어울리는 이름이지?

히말라야산맥 중앙에 네팔이라는 직사각형 모양의 나라가 있어. 네팔은 한반도의 3분의 2 정도 크기의 비교적 작은 나라야. 하지만 히말라야산맥의 3분의 1을 차지하고 있지. 그리고 세계에서 가장 높은 산 10개 가운데 8개를 가지고 있어. 그래서 등산객들이 많이 찾는 나라란다. 눈 쌓인 히말라야를 품고 있는 나라. 정말 멋지지 않니?

네팔은 예전에 여러 나라로 나뉘어져 있다가 18세기에 샤하왕이 네팔 왕국을 세우면서 하나가 되었지. 하지만 그 후에 중국과 영국의 지배를 받다가 1923년이 되어서야 독립할 수 있었어.

2007년에는 왕이 정치에서 물러나고 형식적인 지위만 갖게 되었어. 그래서 '네팔 왕국'에서 '왕국'이 빠진 '네팔'로 나라 이름이 바뀌었지. 2008년에는 처음으로 대통령을 뽑는 등 정치적으로 변화가 무척 많았단다.

네팔에 가면 특별한 모양의 국기를 볼 수 있어. 네팔은 세계에서 유일하게 국기 모양이 사각형이 아니야. 주위의 파란색은 세계, 빨간색은 행운, 위쪽의 달은 왕실과 평화, 아래쪽의 태양은 신하와 힘을 뜻하지.

네팔은 기원전 2천 년 전부터 인도에서 건너온 아리안계 부족인 네와르족이 카트만두 분지에 살면서 시작되었어. 네팔에는 아리안계 부족 외에도 티베트에서 히말라야를 넘어온 몽골계 부족 등 다양한 부족들이 함께 살고 있지.

인도 아리안계의 부족은 테라이를 비롯한 평지에 살면서 주로 벼농사를 지어. 테라이는 인도와의 국경 지대에 펼쳐져 있는 고온 다습한 평원 지대로 사람들이 가장 많이 사는 곳이지.

한편 티베트 몽골계의 부족들은 주로 높은 산지에서 옥수수·밀·조 등의 곡식을 재배하며 살아가고 있어. 산 위쪽까지 논을 만들고 그 사이에 집을 짓고 살지. 그렇게 경사진 산비탈을 개간해서 층층이 만든 계단식 논을 다랭이 논이라고 해. 우리나라에서도 곳곳에서 다랭이 논을 볼 수 있단다.

물만두? 군만두? 카트만두!

네팔의 수도는 '카트만두'야. 설마 물만두, 군만두를 떠올리는 건 아니겠지?

카트만두는 나무를 의미하는 '카트'와 사원 또는 건축물을 의미하는 '만디르'를 합친 말이야. 1596년에 라자 라치미나 싱이 한 그루의 나무로 사원을 지었다는 전설 때문에 그런 이름이 붙었단다.

우리나라에서 비행기로 7시간 걸리는 카트만두는 해발 1천3백 미터 높이에 있어. 도시 주변을 5개의 봉우리가 감싸고 있고 멀리 히말라야산맥이 보이지. 그리고 바그마티강과 비슈누마티강이 합쳐지는 곳에 위치하고 있어. 두 강이 아래로 흘러 내려가면서 인도의 갠지스강이 되는 거야.

카트만두는 3세기 초부터 네팔의 수도였어. 그때부터 지금까지 네팔

의 경제, 정치, 문화, 행정의 중심지 역할을 하고 있지.

카트만두 거리를 지나다 보면 차 위에 짐을 싣고 달리는 것을 흔히 볼 수 있어. 때로는 그 위에 사람이 올라앉아 있기도 해.

카트만두 시내에서는 옛 왕궁도 많이 볼 수 있어. 불교와 힌두교 사원도 많이 볼 수 있지. 그렇다면 네팔에는 불교와 힌두교 중 어느 종교를 믿는 사람이 더 많을까?

네팔은 인도의 영향을 많이 받았어. 그래서 힌두교를 믿는 사람이 80퍼센트나 되지.

혹시 부처가 어디에서 태어났는지 아니? 인도라고? 아니야. 부처는 2천5백여 년 전에 네팔에서 태어났어. 그런데 부처의 탄생지인 네팔에 불교가 전래된 것은 2천2백5십여 년 전의 일이야. 게다가 불교는 힌두교에 밀려 쇠락하다가 8세기가 되어서야 다시 유행하기 시작했지.

지금 네팔에는 힌두교와 불교가 공존하고 있어. 카트만두 시내에 불교 사원과 힌두교 사원이 모두 있는 것도 이 때문이지. 다행히 힌두교와 불교의 조화가 잘 이루어지고 있어서 종교 간의 갈등은 없어. 불교 사원 안에 힌두교 사원이 있는가 하면, 힌두교 사원 안에 불상이 있기도 하거든. 그래서 티베트 불교도와 네팔인 힌두교도들이 같은 사원에서 기도하는 모습을 종종 볼 수 있지.

그런데 힌두교 사원에 들어갈 때는 가죽으로 된 신발이나 가방 등을 신거나 들고 갈 수 없다는 거, 알고 있니? 뿐만 아니라 신발을 신고 사원에 들어가는 것도 금지되어 있다는 것을 꼭 기억해 둬.

살아 있는 신, 쿠마리

힌두교 이야기를 좀 더 할까? 힌두교는 여러 신을 섬기는 종교야. 신들이 워낙 많다 보니 신의 수가 심지어 국민의 수보다 많다고도 하지.

네팔은 소를 신이라고 생각하는 힌두교도들이 많은 나라야. 그래서 길거리를 자유롭게 돌아다니는 소들을 자주 볼 수 있지. 뿐만 아니라 도심 곳곳에서 코끼리 형상을 한 '가네쉬 신'의 모습을 볼 수 있어. 인간과 코끼리를 합친 가네쉬 신은 모든 장애를 없애 준다고 믿기 때문에 많은 사람들의 사랑을 받고 있지.

그런데 네팔의 힌두교 신 가운데 세계적으로 유명한 신은 '쿠마리'야. 쿠마리는 살아 있는 여신으로 쿠마리 데비라고도 불리지. 쿠마리는 네팔어로 '처녀'를 뜻하는 말이기도 해.

신으로 추앙받는 쿠마리는 4~5살 때 뽑힌 뒤 12~13살이 되면 물러나. 쿠마리가 되기 위한 조건은 무척 까다로워. 우선 석가모니의 후예라고 일컬어지는 사카족의 후손이어야 하지. 그리고 몸에 어떤 상처도 없어야 하고 눈의 색깔, 치아 모양, 목소리 등 32가지 까다로운 테스트를 통과해야 해. 또, 신적인 존재이기 때문에 두려움이 없어야 하고, 바로 이전 쿠마리가 입었던 의류와 장신구를 골라내는 시험도 통과해야 하지.

쿠마리는 신으로 존경받기 때문에 네팔의 국왕도 그 앞에서는 무릎을 꿇어야 해.

그런데 쿠마리로 뽑히면 좋을까? 쿠마리는 초가을에 열리는 인드라

자트라 축제에서 3일 동안 커다란 수레를 타고 카트만두 시내를 돌아. 그때가 되면 사람들은 쿠마리를 볼 수 있는 좋은 자리를 차지하기 위해 자리 쟁탈전까지 벌이지. 그리고 쿠마리가 던져 주는 꽃 한 송이를 받기라도 하면 감격의 눈물을 흘려. 대단하지?

하지만 쿠마리는 그때를 제외하고는 밖으로 나갈 수 없어. 정말 답답하고 힘들겠지?

그리고 쿠마리는 어떠한 경우라도 몸에서 피가 나와서는 안 된대. 뜻밖의 상처를 입어서 단 한 방울의 피라도 흘리게 되면 쿠마리의 자격을 박탈당하게 되지. 또, 첫 생리가 시작되어도 쿠마리의 임기는 끝나게 돼. 그리고 다시 평범한 인간으로 되돌아오는 거지.

그런데 사람들은 쿠마리와 결혼하면 불행이 닥친다고 믿어. 쿠마리 출신의 여자와 결혼한 남자는 일찍 죽는다는 미신 때문이야. 그래서 쿠마리는 대부분 평생 혼자 살아가야 하지.

바람이 읽어 주는 마니차

카트만두 곳곳에서는 '마니차'라는 것을 볼 수 있어. 마니차는 중앙에 막대기를 꽂은 원통 속에 부처님의 가르침인 불교 경전을 둘둘 말아 넣은 거야. 손에 드는 작은 것부터 건물 크기만큼 큰 것까지 크기가 다양해.

사람들은 관세음보살의 자비를 나타내는 주문인 '옴 마니 밧메 훔'을

암송하면서 마니차를 돌려. 이때 마니차가 돌아가면서 일으키는 바람이 경전을 읽어 준다고 생각하지. 마니차를 한 번 돌리면 경전을 한 번 읽은 것과 같은 축복을 받는다고 해. 그래서 네팔 사람들은 틈만 나면 이 마니차를 돌리는 거야.

네팔에는 불교를 믿는 마음은 있어도 글을 배우지 못해서 경전을 못 읽는 사람들이 많아. 그래서 이렇게 바람이 대신 읽어 주는 마니차를 만들었다고 해.

네팔은 옛날에도 교육 환경이 좋지 않았지만 지금도 그래. 네팔의 교육 제도는 1학년부터 5학년까지가 초등학교야. 그리고 6~8학년이 중학교, 9~10학년까지가 고등학교로 되어 있어. 만 4세 이상이면 초등학교에 입학할 수 있기 때문에 우리나라에서는 초등학생인 12살이 네팔에서는 9학년, 즉 고등학생이야. 하지만 네팔에서 초등학교를 졸업하는 학생은 입학생의 3분의 1 정도밖에 되지 않는대.

네팔은 인도의 영향을 받아서 인도처럼 카스트 제도가 있어. 태어날 때부터 신분이 정해져 있는 거지. 아무리 열심히 살아도 계급은 바뀌지 않아. 계급이 낮은 사람들은 다시 태어나면 좀 더 높은 계급으로 태어나기를 바라며 살고 있단다. 열심히 일해도 계급이 달라지지 않으니 계급이 낮은 사람들은 일할 의욕도 없겠지? 그래서 활기찬 모습을 보기가 힘들어.

교육도 제대로 받지 못하고 카스트 제도 때문에 의욕이 없어서일까? 네팔은 세계에서 가장 가난한 나라 중의 하나야. 전체 인구의 3분의 1 정도는 하루에 1달러도 안 되는 적은 돈으로 살아가고 있지.

전통 의상 토피와 사리

카트만두에서는 전통적인 네팔 모자인 '토피'를 쓴 남자들과 '사리'를 걸친 여자들을 흔하게 볼 수 있어. 남자들의 전통 의상은 '다우라'라고 해. 이 옷은 결혼식 같은 특별한 행사에만 입고 평소에는 잘 입지 않아.

하지만 토피는 평소에도 많은 사람들이 쓰지.

여자들은 대부분 전통 의상인 사리를 입고 생활하고 있어. 사리는 울긋불긋 화려한 옷으로, 큰 천 하나를 몸에 빙빙 둘러 감싼 의상이야. 천의 크기는 보통 길이 5.5미터에 폭은 1미터가 조금 넘지.

사리를 입은 모습을 자세히 보면 옷이 다리까지 감싸고 있는 걸 볼 수 있어. 네팔 여자들은 다리를 보이는 것을 수치스럽게 생각하거든. 그래서 아무리 더워도 반바지를 입지 않아. 남자들만 반바지를 입지.

네팔 사람을 만날 기회가 생긴다면, 대화할 때 주의해야 할 점이 하나 있어. 우리는 "너 나 좋아하니?" 하고 물었을 때 상대방이 고개를 끄덕이면 기분이 좋지? 그런데 네팔에서는 그렇게 하면 큰 실례야. 네팔 사람들에게 긍정의 표시는 고개를 갸웃거리듯이 왼쪽과 오른쪽으로 왔다 갔다 하는 것이거든. 그러니까 네팔에서는 내가 좋아하는 사람이 "나 좋아하니?" 하고 물으면 고개를 저어야겠지?

싱가포르의 싱가포르

아시아의 진주 싱가포르

만약 어떤 사람이 범죄를 저지르면 그 사람은 어떻게 될까? 우선 경찰이 출동해서 잡아가고 법정에 가서 판결을 받고 감옥에 갇히게 되겠지? 그런데 잘못했다고 엉덩이를 때리는 나라도 있을까?

놀랍게도 오늘날에도 잘못한 사람의 엉덩이를 때리는 나라가 있어. 그것도 굉장히 잘사는 선진국에서 말이야. 바로 싱가포르라는 나라지.

싱가포르는 오늘날까지 태형이 존재하는 몇 안 되는 나라 중 하나야. 태형은 죄를 지은 사람을 때리는 형벌이야. 어떻게 때리느냐고? 우선 사다리꼴 모양의 나무 형틀에 죄 지은 사람의 팔다리를 묶어. 다음은 엉덩이 부분의 맨살을 드러나게 하지. 그 상태에서 교도관이 굵은 나무 회초리로 때리는 거야. 그러면 비명 소리와 함께 살이 찢기면서 피가 흐르지.

우리나라도 옛날에는 태형이 있었어. 사극에서 사또가 "곤장 10대에 처한다!"라며 엉덩이를 때리는 장면을 본 기억이 있지? 지금은 후진국에

나 있을 법한 벌이라고 여겨서 없어졌지만 말이야.

싱가포르에서도 많은 사람들이 잔인하고 비인간적이며 인간의 품위를 떨어뜨린다는 이유로 태형을 없앨 것을 주장하고 있어. 하지만 법을 없애는 게 생각만큼 쉽지 않은 모양이야.

태형의 대상은 16~50세의 남자인데, 외국인도 예외가 아니야. 1994년에는 공공 기물을 파손한 미국인 소년을 태형으로 처벌해서 국제 사회가 떠들썩해지기도 했어.

그런데 싱가포르는 절대로 후진국이 아니야. 대부분의 사람들은 싱가포르를 깨끗한 나라, 부패 없는 나라, 관광하기 좋은 나라라고 여기지.

동남아시아의 말레이반도 끝에 위치한 싱가포르는 싱가포르섬과 63개의 작은 섬으로 이루어져 있어. 그 섬들을 모두 합쳐도 서울의 넓이 정도밖에 되지 않아.

그래서 땅을 조금이라도 넓히기 위해서 섬과 섬을 잇거나 바다를 메우는 간척 사업을 시작했어. 1960년대에는 국토의 면적이 581.5제곱킬로미터였지만 오늘날에는 697.2제곱킬로미터로 늘어났지. 그래도 우리나라의 수도 서울의 크기인 605.25제곱킬로미터보다 약간 넓어졌을 뿐이야. 한 나라 전체의 크기가 서울보다 조금 크다고 하니 얼마나 작은 나라인지 알 수 있지? 그래서 싱가포르는 지금 이 순간에도 간척 사업을 계속하고 있대. 과연 얼마나 더 넓힐 수 있을까?

싱가포르는 오래전에 포르투갈의 지배를 받기도 했고, 네덜란드의 지배를 받기도 했어. 그러다가 1819년, 영국 동인도 회사의 스탬퍼드 래플

스가 지금의 싱가포르 남부 쪽에 항구를 만들었지. 그때부터 싱가포르는 인도양과 태평양을 잇는 무역의 중심지로 성장하게 되었어. 싱가포르에서는 래플스를 싱가포르의 창시자라고 여겨서 여러 건물에 래플스라는 이름을 붙이기도 해.

싱가포르는 2차 세계 대전 중에는 일본의 지배를 받다가 다시 영국의 지배를 받았어. 그리고 1963년에는 말레이시아 연방에 속해 있다가 2년 후인 1965년에는 말레이시아 연방에서 분리해서 독립 국가가 되었지. 나라가 워낙 작다 보니 힘이 없어서 여러 나라의 지배를 받았던 거야.

새로운 독립 국가가 된 싱가포르는 영국식 내각 책임제를 택했어. 국가 원수인 임기 6년의 대통령이 있지만 상징적일 뿐이고 실질적으로는 총리가 내각을 운영하는 거지. 그리고 새로운 국기를 만들었어. 싱가포르의 국기에는 빨간색과 하얀색 두 가지 가로무늬가 있는데, 빨간색 줄무늬에는 하얀색 초승달과 5개의 별이 그려져 있어. 빨간색은 우호와 평등, 하얀색은 순결과 미덕을 나타내. 초승달은 싱가포르가 중국이 아닌 말레이반도와 연관이 있다는 것을 상징하고 이슬람 문화를 뜻하기도 하지. 5개의 별과 달은 민주주의, 평화, 정의, 진보, 평등 5개의 원칙을 향해 나아가는 싱가포르를 의미해.

독립 국가가 된 싱가포르의 가장 큰 문제는 국민들이 무엇을 해서 먹고사느냐 하는 것이었어. 1959년부터 1990년까지 오랫동안 나라를 다스린 리콴유 총리는 경제 성장을 위해 노력했지. 그 결과 싱가포르는 동남아시아에서 가장 큰 항구가 되었어.

뿐만 아니라 세계에서 세 번째로 큰 정유 시설이 있고, 런던, 뉴욕, 도쿄에 이어서 세계에서 4번째로 큰 외환 시장을 가지고 있어서 세계에서 가장 큰 상업 중심지가 되었지.

놀라운 경제 성장을 통해 싱가포르는 홍콩, 대한민국, 대만과 함께 '아시아의 4마리 용'으로 불리곤 했어. 지금 싱가포르의 국민 소득은 5만 달러가 넘어. 우리나라의 국민 소득이 약 3만 달러 정도니까 쉽게 비교할 수 있겠지?

총칼보다 무서운 법률

 리콴유 총리는 경제 성장만을 중요하게 여긴 나머지 나라를 너무 엄하게 다스렸어. 이로 인해 싱가포르는 공산주의나 사회주의 국가보다 더 강한 독재 국가라는 평가를 받고 있지. 예를 들면 싱가포르에서는 언론의 자유가 별로 없어. 만약 인터넷상에서 정부나 총리에 대한 욕을 하면 바로 경찰에게 잡혀가지.
 1990년부터는 고촉통 총리가 싱가포르를 다스리기도 했지만 2004년부터는 리콴유 전 수상의 큰 아들인 리셴룽이 3대 총리로 나라를 다스리고 있어. 그래서 경제력은 세계 최고 수준이지만 정치 수준은 아직도 선진국이 아니라고 하지.
 자유롭지 못하더라도 잘살기만 하면 좋은 걸까? 그렇진 않을 거야. 그래서 싱가포르 국민들의 불만은 조금씩 커지고 있어. 정부는 이러한 국민들의 불만을 짓누르기 위해서 강한 형벌 제도를 유지하고 있지.
 그렇다면 싱가포르의 형벌은 어느 정도일까?
 싱가포르는 땅이 좁아서 자동차를 가진 사람에게 세금을 많이 걷어. 뿐만 아니라 자동차를 구입하는 데에 드는 비용도 만만치 않지. 인구는 약 500만 명 가까이 되지만 자동차는 65만 대 정도만 등록되어 있어.
 그래서 많은 사람들이 지하철을 이용해. 싱가포르의 지하철은 가격도 저렴하고 도시 구석구석을 연결하거든. 지하철을 이용하다 보면 키가 90센티미터를 넘는 아이들은 양심적으로 표를 사도록 하는 간판을 곳곳에서 볼 수 있어. 이것만 보면 싱가포르의 법이 꽤 민주적인 것 같지?

싱가포르 지하철에서 음식을 먹으면 어떻게 될까? 공공장소에서 음식물을 먹으면 우리 돈으로 약 50만 원의 벌금을 내야 돼. 어때, 먹고 싶은 마음이 뚝 떨어지지? 만약 공공장소에서 담배를 피운다면 약 100만 원의 벌금을 내야 하지. 게다가 길거리에 쓰레기를 버리기라도 한다면 한 달 월급에 해당하는 벌금을 내야 해. 심지어는 공중화장실에서 용변을 본 후, 물을 내리지 않아도 벌금을 내야 해. 정말 대단하지?

이렇게 싱가포르는 공공질서와 안전 그리고 깨끗한 환경을 해치는 행위에 대해서 엄격한 벌금 제도를 시행하고 있어. 그래서 더욱 깨끗한 싱가포르가 만들어진 걸지도 몰라.

또, 앞에서 말한 태형도 있지만 사형률도 매우 높은 나라 중 하나야.

정말 법이 엄격한 나라지? 그래도 아시아에서 외국인이 살기에 가장 좋은 나라라고 하는데 어떻게 생각하니?

콩글리쉬? 싱글리쉬!

싱가포르는 중국인, 말레이인, 인도인 등 다양한 인종이 어울려 사는 다민족 국가야. 하지만 4분의 3 이상이 중국인들이지.

공식적으로는 영어, 중국어, 타밀어, 말레이어 등을 쓰지만 보통 영어를 많이 써. 영국의 지배를 받았기 때문에 영국식 영어를 쓰는 거야. 거기에 다양한 중국어 방언, 말레이어, 인도어가 뒤섞여서 싱글리쉬라는 일종의 영어 방언이 만들어졌어. 한국식으로 쓰는 영어를 콩글리쉬라고 하듯이 말이야. 4분의 3 이상이 중국인이니까 영어에 중국식 표현이 들어가는 게 당연하겠지?

싱글리쉬는 영국식 영어를 바탕으로 중국식 억양에 짧고 간단하게 이야기하는 것이 특징이야. 예를 들어 말끝에 '~하네요'라는 뜻의 '라 Lah'를 붙이는 말버릇을 말하는 거지. 예를 들면 'OK 좋아', 'Sorry 미안해' 같은 간단한 말도 '~하네요'란 뜻의 중국어 어미 '라 Lah'를 붙여서 'OK lah'나 'Sorry lah'라고 말하는 거야. 싱가포르에 처음 가는 사람들은 싱가포르 사람들이 영어를 하는 건지 중국어를 하는 건지 헷갈릴지도 몰라. 알아듣기는 어려워도 싱가포르 고유의 문화가 섞인 것이라고 볼 수 있어.

사자와 정원의 도시

싱가포르는 나라와 수도 이름이 같아. 이 이름은 어떻게 생겨났을까?

싱가포르는 처음에는 '싱가푸라'라고 불리다가 영국인들에 의해 '싱가포르'로 발음되면서 오늘날에 이르게 되었다고 해. 산스크리트어로 '싱가'는 '사자'를 뜻하고, '푸라'는 '도시'를 뜻해. 그러니 싱가포르는 '사자의 도시'라는 뜻이 되겠지? 사자가 많아서 이런 이름이 붙은 걸까? 그렇지 않아. 옛날이나 지금이나 싱가포르에는 사자가 살지 않거든. 그렇다면 왜 사자의 도시가 되었는지 궁금하지?

14세기 무렵 수마트라섬의 한 왕자가 이곳을 방문했는데, 이상한 동물을 보고 다른 사람에게 그 이름을 물었다고 해. 그런데 그 사람도 그 동물의 정체를 알 수 없어서 당황한 나머지 '사자'라고 말했대. 그래서 '싱가푸라'가 되었고, 후에 '싱가포르'가 된 것이지.

왕자가 본 동물이 실제로 어떤 동물인지는 모르지만, 신기하게도 싱가포르는 정말로 사자의 도시가 되었어. 싱가포르 강 하구에 있는 '머라이언'이라는 동상 때문이야. 머라이언 merlion은 '인어 mermaid'와 '사자 lion'의 합성어야. 머리는 사자이고 몸통은 인어인 머라이언은 1970년대 만들어진 뒤 싱가포르의 상징이 되었지. 그래서 싱가포르의 기념품 가게 어디에서도 머라이언을 쉽게 볼 수 있어.

싱가포르는 '정원의 도시'라고도 불리는데, 여기저기에 공원과 가로수가 많기 때문이야.

21세기 피사의 사탑

싱가포르는 관광의 나라야. 외국인 관광객이 해마다 1억 명 가까이 방문하거든.

싱가포르는 관광하기에 좋은 기후를 갖고 있어. 일 년 내내 기후의 변화가 별로 없거든. 평균 기온이 27도 정도인 열대 우림 기후로 조금 더운 편이지만, 잘사는 나라이기 때문에 건물 안이나 공공시설은 에어컨 시설이 완벽해. 그래서 오히려 실내에서는 얇은 카디건 같은 겉옷을 걸쳐야 할 정도야. 하루에 한 번 정도 폭우가 쏟아지기 때문에 우산은 기본으로 챙겨야 하고.

싱가포르는 싱가포르강과 로코르강이 도시를 가로질러 흐르고 있어. 이 두 강은 늘 원주민들의 배들로 붐비지.

싱가포르에는 초고층 건물과 영국 식민지 시대의 건물들, 중국인 상점들, 양철 지붕의 말레이인 주택지가 뒤섞여 있어.

그 가운데 피사의 사탑처럼 기울어진 호텔이 있는데 바로 '마리나 베이 샌즈' 호텔이야.

마리나 베이 샌즈 호텔은 5.5도 정도 기울어진 피사의 사탑보다 약 10배나 더 기울어진 초고층 건물이야. 최고 52도까지 기울어져서 올라가는 한쪽 건물이 공중에서 반대쪽 건물과 연결되는 入자형 구조로 지어졌지.

그렇게 만들어진 3개의 건물을 200미터 높이에서 연결해서 거대한 배 모양의 '스카이 파크'를 만들었어. 다리를 만들 때 사용하는 기술을 이용

싱가포르에 위치한 마리나 베이 샌즈 호텔. 피사의 사탑보다 약 10배나 더 기울어진 건물이다.

해서 이은 것인데 무려 축구장 2배의 크기야.

이 호텔은 오늘날 최고 난이도의 건물로 평가 받으면서 현대판 피사의 사탑으로 불리지.

이렇게 기울어진 건물이 무너지지 않게 지으려면 정말 어려웠겠지? 그런데 이 건물을 누가 지었는지 아니? 바로 우리나라 건설사야. 정말 대단하지?

인도의 뉴델리

인더스 문명의 발생지

우리나라에도 조선 시대에 양반과 중인, 상민, 천민이라는 신분 제도가 있었다는 거 알지? 오늘날에도 그런 신분 제도를 가진 나라가 있을까?

인도를 비롯한 몇몇 나라는 아직도 신분 제도를 갖고 있어. 인도의 경우 기원전 1천5백 년 무렵에 아리아인이 원주민을 정복했었어. 그때 힌두교를 전파하면서 지배자로서의 위엄을 내세우기 위해 신분 제도를 만들었는데, 그것이 바로 사람들을 4개의 계급으로 나누는 카스트 제도야.

카스트 제도에서 가장 높은 계급을 브라만이라고 해. 브라만은 신에게 제사를 지내는 일을 하지. 두 번째 계급은 크샤트리아로 나라를 다스리는 왕이나 귀족들이야. 세 번째 계급은 농민이나 상인인 바이샤, 가장 천한 계급은 수드라인데 노비들을 말하지. 심지어는 카스트 아래의 신분인 파리아도 있어. 이들은 접촉할 수 없을 정도의 천민이란 뜻의 '불가촉

천민'으로 분류하는데 악마와 같이 여겨져서 다른 계급과 신체적인 접촉을 하기라도 하면 큰 죄로 다스리는 등 다른 계층들로부터 경멸을 당하고 있지.

이러한 카스트 제도는 법적으로는 금지되어 있어. 하지만 인도 사회에서는 신분이 다른 계급끼리는 결혼을 금지하는 등 여전히 카스트에 따른 차별이 존재해서 아직까지도 사람들의 생활에 많은 영향을 끼치고 있지. 자기 의지와 상관없이 낮은 신분으로 태어나 평생을 살아가야 한다면 어떤 기분일까?

인도는 남부 아시아를 대표하는 큰 나라야. 국토 면적은 세계 7위이지만 인구는 중국 다음으로 많은 세계 2위야.

인도는 인더스강과 갠지스강 주위로 넓은 평야가 펼쳐져 있고, 그 평야를 높은 히말라야산맥이 보호하듯 감싸고 있어서 사람들이 살기 좋은 땅이었어. 그래서 오래전부터 사람들이 모여들었지. 기원전 3천 년 전부터 인더스강 유역에서 세계 4대 문명의 하나인 인더스 문명이 번성했고 말이야.

인도는 기원전 1천5백 년 무렵 아리아인에게 정복당했고, 기원전 4세기 즈음에 아소카왕에 의해 통일되어 굽타 왕조 때 황금기를 맞았어. 16세기에는 이슬람 왕국인 무굴 제국이 세워졌지. 하지만 1757년 영국과의 싸움에서 져 2백여 년 동안 영국의 지배를 받았지.

1947년이 되어서야 인도는 영국으로부터 독립할 수 있었어. 하지만 종교 분쟁으로 인해 힌두교를 믿는 인도와 이슬람교를 믿는 파키스탄으로 나눠지려고 했지. 당시 인도의 독립에 앞장서며 '인도 독립의 아버지'라고 불렸던 간디는 인도의 분리 독립을 반대했지만 암살되면서 뜻을 이루지 못했어.

결국 1950년, 인도는 파키스탄과 분리되어 새로운 헌법을 공포하고 연방제 공화국이 되었어. 대통령이 있는 의원 내각제 정부 형태로, 나랏일은 총리가 맡아서 보는 게 특징이야. 인도의 초대 총리 네루가 나라를 다스리게 되었고, 네루가 죽은 뒤에도 네루의 딸과 손자가 계속해서 인

사람들을 4개의 계급으로 나누는 카스트 제도

도를 다스리며 비교적 안정된 정치 체제를 유지하고 있지. 게다가 인도는 일할 사람도 많고 자원도 풍부해서 경제가 빠르게 발전하고 있단다.

지금 인도의 국기는 1947년 인도가 독립한 뒤 만들어졌어. 인도의 국기는 폭이 같은 세 가지 색이 수평으로 나란히 있는 삼색기야. 위는 주황색, 가운데는 흰색, 아래는 초록색이지. 주황색은 용기와 희생, 흰색은 진리와 평화, 초록은 평등과 기사도를 의미해. 그리고 가운데의 하얀색에는 '차크라(울레)'라는 문장이 그려져 있어. 차크라는 '법의 윤회'를 뜻해. 그리고 무늬를 자세히 보면 24개의 바퀴살이 있는데 그것은 24시간을 뜻하지.

새로운 델리, 뉴델리

인도의 델리는 여러 나라를 거치면서 계속 수도였던 곳이야. 조금씩 왕궁을 옮기기는 했지만 모두 '골든트라이앵글(황금의 삼각 지대)' 지역 안에 있었지. 골든트라이앵글은 인도의 북쪽에 위치한 델리, 아그라, 자이푸르 세 곳을 묶어 이은 곳을 말해. 이 지역이 옛 수도였기 때문에 인도의 오래된 유적들은 이 지역을 중심으로 집결되어 있지.

골든트라이앵글 북쪽에 위치한 델리는 야무나강의 평원에 발달한 도시로 인도에서 3번째로 커. 영국이 1772년부터 1912년까지 인도를 지배했을 때는 콜카타라는 도시가 수도였어. 인도에서 가장 큰 항구 도시였기 때문이었지. 하지만 영국은 1912년 수도를 델리로 옮기기로 결정했어. 그때부터 1931년까지 뉴델리라는 새로운 계획도시를 건설했지. 그래서 델리는 올드델리와 뉴델리로 나뉘어 있어.

뉴델리는 국회 의사당을 비롯한 각종 공공 기관이 집중되어 있는 정치와 외교의 중심지야. 반면, 올드델리는 고대 인도의 유적과 전통적 풍경이 남아 있어. 그리고 많은 사람이 몰려 있는 경제의 중심지라고 할 수 있지. 그래서 올드델리는 뉴델리보다 인구 밀도가 2배 이상 높단다.

그런데 뉴델리는 이름처럼 새롭지가 않아. 먼저 길거리의 위생 상태가 심각해. 거리에는 개들과 덩치가 큰 소들이 거침없이 다니는 것을 볼 수 있어. 힌두교에서는 시바 여신을 태우고 다니는 게 소라고 여기기 때문에 소를 신성시하거든. 그래서 잡지도 않고 먹지도 않아. 암소는 송아지를 낳기 위해서나 젖을 짜기 위해 집에서 기르기도 하지만 황소들은 거리로 내몰려서 개들과 함께 아무렇게나 돌아다니고 있어. 똥도 아무 데나 싸고 말이야.

그래도 뉴델리는 다른 도시보다는 소가 없는 편에 속해. 하지만 잠시라도 긴장을 풀면 소똥을 밟을 수 있기 때문에 주의해야 하지. 만약 소가 차도로 들어오면 차도는 꽉 막혀 버리고 말아. 인도에서는 거리에서 사람을 치는 것보다 소를 치는 것이 더 골치 아픈 일이거든.

그 와중에 소똥을 가져가서 말리는 사람들도 있어. 소똥을 말려서 나무 대신 땔감으로 쓸 수 있기 때문이지. 화력도 좋을 뿐더러 소똥으로 끓인 음식은 맛도 좋다고 해.

뉴델리는 한 나라의 수도지만 우리나라처럼 체계적인 횡단보도나 신호등이 별로 없어. 그래서 차가 많이 다니는 넓은 도로라도 주위를 살피며 무단 횡단을 해야 하지. 너무 위험하겠지?

뉴델리에서는 우리에게 생소한 세 바퀴 자동차를 많이 볼 수 있어. 바로 '오토릭샤'라는 건데, 차 문도 없고 지붕은 천막으로 쳐 놓은 자동차야. 인도를 여행하는 사람들의 교통수단으로 많이 이용되고 있어. 이런 오토릭샤, 오토바이, 자동차들이 내뿜는 매연으로 뉴델리의 공기는 많이 오염돼 있어. 밖에 외출했다가 돌아오면 손을 꼭 씻어야 해.

오토릭샤만큼이나 뉴델리에서 유명한 건 비야. 한번 비가 오기 시작하면 '쏟아붓는다'라는 표현이 절로 나올 만큼 심하게 내리지. 우산을 써 봐야 소용없기 때문에 그냥 맞고 다니는 사람이 많아.

또, 어디론가 가기 위해서는 철도와 전철을 이용해야 하는데 이용할 때마다 검문검색이 심해. 꼼꼼하게 하는 것은 아니고 가방 같은 소지품을 보안대에 넣고 몸을 금속 탐지기로 살펴보는 수준이라 금방 끝나기는 하지만 말이야.

더 이상한 건, 인도의 기차는 시간을 잘 지키지 않는다는 거야. 기차가 언제 와서 언제 출발할지 아무도 몰라. 열차가 왜 안 오는지 물으면 인도 사람들은 "문제가 없다 No problem."라고 말하며 느긋하게 기다리지. 정말로 뉴New델리라는 이름과는 어울리지 않는 도시지?

금강산도 식후경!

인도의 음식은 약한 불에서 은근하게 익히면서 향신료가 잘 스며들게 하기 때문에 깊은 맛이 나는 것이 특징이야. 그중 대표적인 것이 '커리'야. 인도에서는 채소와 고기에 향신료를 넣고 걸쭉하게 끓인 음식을 모두 커리라고 해. 우리가 먹는 '카레'보다 매운맛이 훨씬 강하고 자극적이지. 커리의 가장 기본이 되는 향신료는 강황과 고추인데, 강황 때문에 인도의 음식은 노란색을 띤 것이 많아.

인도인들은 커리와 함께 '차파티'라는 걸 많이 먹어. 차파티는 밀가루를 물로 개어 얇게 만들어 구운 빵이야. 지름 20센티미터 정도 크기에 1~2밀리미터 두께로 얇게 민 반죽을 뜨겁게 달군 돌이나 화덕 벽에 턱 붙여서 굽는 거야. 차파티에 양고기와 채소, 과일을 얹어서 반으로 접어 먹거나 작게 뜯어 먹곤 하지.

인도 사이다라고 불리는 '림카'도 있어. 무색의 레몬 라임향 음료인데 콜라처럼 톡 쏘는 맛이 나지. 국제적인 코카콜라 회사에서 나온 음료수인데 인도에서만 판다고 해.

또, '짜이'도 인도를 대표하는 음료야. 설탕, 홍차, 우유, 계피, 생강과 같은 향신료를 넣고 끓인 차로, 인도인들은 짜이를 마시는 것으로 하루를 시작한다고 해.

아름다운 건축물이 무덤이라고?

뉴델리의 쿠툽 미나르에는 72.5미터 높이의 5층탑이 있어. 1층은 힌두교 양식, 2, 3층은 이슬람교 양식으로 돼 있어서 인도의 역사적 배경을 보여주는 탑이야. 이 탑은 쿠트브 웃 딘 아이바크가 델리를 정복한 기념으로 1199년부터 세우기 시작했어.

'정원 속의 묘'라 불리는 후마윤 묘도 있어. 후마윤은 무굴 제국의 2대 황제야. 무굴 제국의 건축 양식은 후마윤의 무덤으로 시작되어서 타지마할에서 완성되었다고 할 정도로 건축의 역사에 큰 영향을 끼쳤지. 엄청난 규모의 대리석으로 조각된 기둥과 장식품이 많은 게 특징이야.

올드델리에 있는 '랄 킬라'는 붉은 사암으로 지은 성이야. 무굴 제국의 전성기를 이끌었던 5대 황제 샤 자한이 9년에 걸쳐 공들여 지은 성이지. 붉은 성의 성문과 내부에는 정교한 문양들이 조각되어 있어. 이슬람은 우상 숭배를 금지하기 때문에 사람을 조각하지 않고 꽃과 식물만 조각했단다. 랄 킬라는 1947년 인도의 초대 총리인 네루가 독립 선언을 하고 삼색 국기를 올린 상징적인 장소이기도 해.

붉은 성을 지은 샤 자한은 엄청난 건축광이었어. 타지마할 등 그가 남긴 건축물의 대다수가 유네스코 세계 문화유산에 등록되었지. 특히, 타지마할은 인도의 대표적인 이슬람 건축물이야. 샤 자한은 자신의 부인인 뭄타즈 마할이 아름다운 묘지를 만들어 달라는 유언을 남기고 죽자 그 약속을 지키기 위해 타지마할을 지었어. '타지'는 왕관이란 뜻이고, '마할'은 왕비의 이름이야. 이름에서 알 수 있듯이 타지마할은 자신의 부인을 추모하기 위한 궁전 형태의 무덤이지.

타지마할을 지을 때 건축 자재를 운반하기 위해 천여 마리의 코끼리가 동원되었고, 이탈리아, 프랑스, 터키 등에서 불러온 장인들을 포함해 총 2만여 명이 공사에 참여했어. 샤 자한은 타지마할을 짓는 데 많은 돈을 쏟아부어서 국가의 재정을 위태롭게 했지. 결국 그것에 불만을 가진 아들에게 왕위를 빼앗기고 타지마할이 멀리 보이는 아그라성에 유배되고 말았어. 샤 자한은 6년 동안 성에 갇혀 창 너머로 타지마할을 바라보다 죽었어. 그리고 죽은 후에야 타지마할 속 왕비의 관과 함께 나란히 누울 수 있었지.

일본의 도쿄

가깝고도 먼 나라 일본

일본이 어디 있는지 다 알지? 우리나라와 가깝고도 먼 나라이니까 말이야.

일본은 아시아 대륙의 동쪽에 위치하고 있고 우리나라와는 대한 해협을 사이에 두고 이웃한 섬나라야. 홋카이도, 규슈, 시코쿠, 혼슈 등 4개의 큰 섬과 6천여 개의 작은 섬들이 남북으로 길게 줄을 지은 모양을 하고 있지. 이러한 섬들을 일본 열도라고 해. 한반도보다 1.7배 정도 크지만 국토의 4분의 3 정도가 산지로 이루어져서 농사를 지을 땅이 부족한 편이야.

일본은 4세기 무렵에 고대 국가가 시작되었어. 그리고 강한 힘을 가진 군주가 일본을 다스리는 혼란한 시기를 거쳤지. 1600년에는 도쿠가와 이에야스가 일본을 통일하고 무사 정권을 세우며 막부 정치를 시작했어. '막부'란 본래 대장군의 숙소를 가리키는 말이야. 하지만 점차 권력을 잡은 장군을 의미하는 말이 되었지. 그러니까 막부 정치라는 것은 장군이 정치를 했다는 뜻이야.

그 후, 260년 동안 에도 막부 시대가 계속되었어. 그러다가 1853년에 미국 함대의 압력에 의해 나라를 개방하게 되었는데, 일본을 근대화해야 한다는 여론 때문에 막부 세력은 1867년에 천황에게 국가의 통치권을 돌려주었어. 그때부터 일본은 다시 중앙 집권 국가가 되었지. 천황은 막부 세력의 수도였던 에도를 도쿄로 이름을 바꾸고 연호를 '메이지'라고 했어. 이때 일본은 외국의 앞선 문물을 받아들이고 정치 개혁을 했는데 이를 '메이지 유신'이라고 해.

메이지 유신 이후 일본은 산업 혁명을 일으키며 힘을 키웠어. 그리고 그 힘을 바탕으로 조선을 식민지로 삼고 중국 청나라, 러시아 등과 전쟁

을 일으켜서 승리를 거뒀지. 뿐만 아니라 2차 세계 대전이 일어나자 독일, 이탈리아와 3국 동맹을 맺고 아시아를 지배하려고 했어. 1941년에는 미국을 공격해서 태평양 전쟁을 일으켰지. 하지만 미국이 히로시마에 원자 폭탄을 떨어뜨린 후 1945년 8월 15일, 일본은 연합국에게 무조건 항복하며 패전 국가가 되었어. 바로 그날이 우리나라가 일본으로부터 해방된 날이야.

일본은 태평양 전쟁으로 인해 막대한 피해를 입었어. 또 미일 안보 조약을 체결하면서 1951년까지 6년간 미군의 통치를 받게 되었지. 하지만 1950년에 일어난 한국 전쟁과 미국의 도움을 바탕으로 경제 부흥의 발판을 마련했어. 오늘날에는 '니폰'으로 불리며 세계적인 경제 대국으로 성장해서 세계 경제의 중요한 부분을 차지하고 있지.

'니폰'이라는 이름은 나라 시대 710~784에 유래되었어. 그 당시에는 '니호무'라고 하다가 점차 '니혼', '니폰'으로 변화되었지. 군국주의가 번창하던 1934년 일본에서는 '일본'의 발음을 '니폰'으로 통일해서 일본 제국을 알리는 수단으로 이용했어.

현재 일본은 천황이 국가 원수야. 하지만 정치에는 참여하지 않고 국가의 상징일 뿐이지. 대신, 국회에서 뽑힌 총리가 나라를 다스리고 있어.

일본의 국기는 흰 바탕에, 중앙에 빨간색 원이 그려진 단순한 모양이야. '일장기' 또는 '히노마루'라고 불러. 일장기의 '일'은 태양을 뜻해. 히노마루는 태양의 원이라는 뜻이지. 국기 가운데 빨간 원이 태양을 상징하거든.

그런데 어떤 사람들은 욱일승천기를 일본의 국기로 오해하기도 해. 욱일승천기는 태양에서 뻗어나가는 빛의 모습을 표현한 것이지. 일본 해군이 2차 세계 대전 당시에 사용하던 것으로, 일본의 군국주의를 상징하는 깃발일 뿐 정식 국기는 아니야.

일본 현대 문화의 중심 도쿄

도쿄는 일본의 수도로, 일본의 정치, 경제, 행정, 교육, 문화의 중심지이자 세계 경제의 중심이야. 그리고 일본 현대 문화의 집결지이면서 세계에서 인구 밀도가 가장 높은 도시이기도 하지.

에도는 도쿄의 옛 이름이야. 우리나라의 서울이 옛날에 한양으로 불렸던 것처럼 말이지. 에도에서는 장군이나 무사가 살던 지역과 상인이 살던 지역이 나뉘어 있었어. 그러다가 17세기에 도쿠가와 이에야스가 에도에 막부를 설치하며 정치의 중심이 되었지.

1868년에는 260여 년에 걸친 에도 막부가 무너지고 천황이 권력을 회복한 뒤, 교토에 살고 있던 천황이 에도로 옮겨와 도쿄로 이름을 바꾸었어. 그때부터 지금까지 일본의 수도가 되었어.

일본은 2개의 커다란 대륙판이 만나는 지점에 위치해 화산 폭발과 지진이 자주 일어나. 전 세계 활화산 중 10퍼센트 이상이 일본에 있을 정도야. 도쿄에서 멀리 보이는 후지산 3,776미터도 일본의 대표적인 휴화산이야.

복을 불러오는 고양이

도쿄를 여행할 때 가장 좋은 것은 우리나라와 시간 차가 없다는 거야. 일본은 우리나라 동쪽에 위치하고 있어서 해가 뜨는 시각이 우리나라보다 30분이 빨라. 하지만 같은 표준시를 사용하기 때문에 우리나라와 시각이 똑같지. 게다가 도쿄에는 우리나라 사람들도 매우 많이 살고 있단다.

도쿄를 돌아다니다 보면 가장 흔하게 볼 수 있는 것이 가게 앞의 '마네키 네코'야. 마네키 네코는 '부르는 고양이'라는 뜻으로 고양이 모양의 인형을 말해. 그런데 자세히 보면 사람을 부르는 것처럼 앞발을 들고 앉아 있지. 일본에서는 마네키 네코를 집에 두면 복을 불러오고, 가게에 두면 손님을 불러온다고 해. 그리고 오른쪽 발을 든 마네키 네코는 돈이나 행운을 불러오고, 왼쪽 발을 든 마네키 네코는 손님을 반기는 것이라고 하지. 양발을 들고 있는 마네키 네코는 어떤 의미인지 알겠지? 그리고 발의 높이가 다른데, 높이 들면 들수록 더 좋다고 해.

마네키 네코의 붉은색 목걸이에는 방울이 달려 있어. 고양이는 에도 시대 때 매우 비싼 애완동물

이었다고 해. 그래서 잃어버리지 않도록 방울을 달아 준 것에서 유래되었다고 하지. 마네키 네코 하나 갖고 싶지 않니?

도쿄 거리를 돌아다니다 보면 일본식 과자인 '화과자'를 볼 수 있어. 일본인은 서로 사이좋게 지낸다는 뜻인 '화和'라는 글자를 좋아해. 그래서 일본 과자를 화과자라고 하지.

그리고 일본에는 우리나라 라면과 비슷한 '라멘'이 있어. 우리나라 라면은 기름에 튀긴 면으로 만들지만 일본의 라멘은 생면을 넣고 끓이지. 그리고 라면은 고춧가루를 사용해 맵고 얼큰한 국물 맛이 대부분인데 비해 라멘은 쇼유 라멘간장맛, 미소 라멘된장맛, 시오 라멘소금맛 등 육수나 된장 국물을 이용해 담백한 맛을 내지. 그래서 일본 사람들은 라멘을 인스턴트식품이 아닌 우동, 소바와 더불어 고유의 음식으로 여길 만큼 자부심이 강하단다.

에도 시대를 간직한 아사쿠사

도쿄의 대표적인 거리로 아사쿠사를 들 수 있어. 아사쿠사에는 에도 시대의 모습이 그대로 남아 있어서 일본의 냄새를 물씬 느낄 수 있지.

특히, 아사쿠사에는 도쿄에서 가장 오래된 절 '센소지'가 있어. 그곳에 가면 일본 전통 볼거리와 먹거리로 가득해. 센소지에는 아사쿠사를 대표하는 가미나리몬이 있는데, 바로 센소지의 입구에 있는 문이야. 이 문에는 제등이 걸려 있는데 높이가 4미터, 무게는 670킬로그램이나 된다고 해. 아래를 지나갈 때 등이 떨어질까 봐 조금 무섭겠지?

그리고 가미나리몬 오른쪽에는 바람의 신상이 있고 왼쪽에는 천둥의 신상이 있어. 두 신상의 손을 잘 살펴보면 바람의 신은 손가락이 4개야. 이는 동서남북을 상징하지. 그리고 천둥의 신은 손가락의 3개인데 각각 현재, 과거, 미래를 상징해.

센소지에 가면 많은 사람들이 자신의 운세를 보기 위해 요란하게 통을 흔들어 대는 모습도 볼 수 있어. 스테인리스 통에 들어 있는 막대를 작은 구멍으로 빼내면, 거기에 숫자가 적혀 있지. 그리고 그 앞에 숫자가 적힌 서랍을 열면 자신의 운세가 적혀 있는 종이가 있어. 운세가 좋으면 기분이 좋겠지만 그렇지 않으면 기분이 나쁘겠지? 그럴 때는 옆에 있는 막대에 걸어 두기만 하면 나쁜 운수가 좋게 변한다고 해. 결국 무조건 좋은 운수가 되는 거지.

아사쿠사에 가면 옛 거리답게 기모노를 입은 사람들을 많이 볼 수 있어. 기모노는 일본의 전통 의상이야. 기모노着物의 한자를 보면 알 수 있듯이 '입을 것'을 의미하지. 그래서 옛날 일본 사람들이 입었던 옷은 모두 기모노라고 할 수 있어. 일본인들은 명절, 성년의 날, 학교 졸업식, 결혼식 때 한껏 멋을 내려고 기모노를 입는단다. 기모노는 몸의 형태가 그대로 드러나는 서양식 옷과는 달라. 그리고 완만한 모양을 보기 좋게 여겨서 남자의 경우 배가 약간 나와 보여야 볼품이 있다고 하지.

아사쿠사에는 가부키와 연극을 공연하는 수많은 극장이 있어. 가부키는 에도 시대부터 전해 내려오는 일본의 대중적인 고전 연극이지. 가부키라는 말은 노래를 뜻하는 '가'와 무용을 뜻하는 '부', 솜씨를 뜻하는 '기'가 합쳐진 말이야. 즉, 음악과 춤, 무언극, 호화로운 무대 의상이 어우러져 있는 연극이라고 할 수 있지.

맥주 거품이 '응가'를 닮았다고?

아사쿠사에서 강 건너를 바라보면 맥주 모양을 닮은 2개의 건물이 있어. 금색의 맥주 위에 얹어진 흰 거품을 나타내는 황금색 건물과 까만 맥주잔 위에 황금빛 불꽃을 표현한 건물이지. 황금색 건물은 아사히 맥주 타워이고, 검은색 건물은 아사히 슈퍼드라이 홀이야. 그런데 일본인들은 그곳을 '킨노응코금빛응가' 또는 '응코비루응가빌딩'라고 불러. 맥주 거품이 마치

'응가'처럼 보이거든.

　응가빌딩 왼쪽으로 도쿄를 돌아다니다 보면 어디에서든 볼 수 있는 높은 탑이 있어. 바로 도쿄에서 가장 높은 스카이트리지. 634미터 높이의 도쿄 스카이트리는 세계에서 가장 높은 전파탑으로 기네스북에 올라 있어.

　사실 얼마 전까지만 해도 도쿄에서 가장 높은 곳은 높이 332.6미터의 도쿄 타워였어. 하지만 최근에 만들어진 도쿄 스카이트리는 지하 3층 지상 31층 규모로 도쿄 타워의 1.9배, 서울 남산 타워의 2.5배나 돼. 이 스카이트리를 634미터로 만든 까닭은 도쿄 주변의 옛 지명인 무사시의 발음에 빗대 6무쓰3산4시로 정했기 때문이래.

　스카이트리는 독특한 구조로 되어 있어. 기둥이 있는 바닥은 삼각형인데 위로 올라갈수록 원형이 되거든. 이런 구조 덕분에 강한 지진에도 끄떡없어. 일본인들에게 자신감과 희망을 주는 건물인 셈이지.

'까만 맥주잔 위에 황금빛 거품'을 나타낸 응가빌딩

중국의 베이징

인구도 많고 땅도 넓은 중국

전 세계에서 가장 많이 사용하는 언어는 무엇일까? 영어라고? 아니야. 중국어야. 왜냐하면 세계에서 인구가 가장 많은 나라가 중국이기 때문이야. 전 세계 인구의 5분의 1 이상이 중국에 살고 있거든. 물론 중국어가 가장 많이 쓰이기는 하지만 영어처럼 세계 공용어로 쓰이는 것은 아니야.

아시아 동부에 위치한 중국은 인구도 많지만 엄청나게 넓은 영토를 가지고 있어. 그렇다면 중국의 영토는 세계에서 몇 번째로 넓을까? 1위 러시아와 2위 캐나다는 확실해. 그렇지만 세 번째로 넓은 나라는 중국인지 미국인지 조금 애매하단다.

미국에 오대호를 포함하느냐, 중국에 대만을 포함하느냐에 따라 면적이 달라지거든. 그만큼 두 나라의 넓이는 엇비슷해. 그렇다면 정답은 무엇일까? "중국 사람은 중국이 더 넓다고 하고, 미국 사람은 미국이 더 넓다고 한다."야. 어때, 재미있지?

　세 번째든 네 번째든, 중국은 남한보다 무려 96배나 넓어. 동서의 길이가 5천2백 킬로미터나 되고 14개 나라와 이웃한 국경의 길이는 22,117 킬로미터로 세계에서 가장 길지.

　이렇게 큰 나라이니, 지역마다 시간대가 다를 거라고? 아니야. 중국은 동쪽 끝과 서쪽 끝이 무려 4시간이나 차이가 나기는 하지만 모든 지역에서 같은 시간대를 사용하고 있어. 동쪽 끝의 헤이룽장성의 해가 뜨는 시각이 오전 6시라면, 서쪽 끝에 있는 신장 위구르 자치구는 아직 깜깜한

밤인데도 똑같은 오전 6시인 거야. 그렇다면 신장 위구르 자치구에서 해가 뜨는 시각은 오전 10시겠지?

중국은 세계 4대 문명 중 하나인 황허 문명이 싹튼 곳이야. 5천 년이 넘은 오랜 역사 속에 수많은 민족과 한, 수, 당, 송, 명, 청 등 수많은 나라들이 중국을 거쳐 갔지. 기원전 221년 주나라의 제후국 가운데 하나였던 진이 여섯 나라를 차례로 멸망시키고 중국 대륙을 통일했어. 진나라의 시황제는 문자와 화폐, 수치를 세는 단위인 도량형을 통일하였고 북방 흉노족의 침입을 막기 위해 만리장성을 쌓기도 했어. 중국의 영어식

표현인 '차이나China'는 바로 진나라의 '진'에서 생겨난 말이야.

그 후에도 여러 나라로 이름이 바뀌었다가 1949년에 마오쩌둥이 이끄는 공산당이 국민당을 몰아내고 중화 인민 공화국을 세워 오늘날까지 사회주의 국가를 유지하고 있어. 그리고 이때 타이완섬으로 피신한 국민당은 타이완(대만)을 세웠지. 중화라는 말은 세계의 중심, 또는 세계 문화의 중심이라는 뜻이란다. 설마 중국집의 중화요리를 떠올린 것은 아니겠지?

이때 중국의 공산당은 국기인 오성홍기도 함께 만들었어. 오성홍기란 다섯 개의 별이 있는 빨간색 기라는 뜻이야. 빨강 바탕에 왼쪽 윗부분에 있는 큰 별 하나를 중심으로 4개의 노란 별들이 둘러싸고 있지. 빨강은 중국의 전통적인 색으로 혁명을 상징해. 그리고 큰 별은 중국 공산당을, 4개의 별은 인민을 구성하는 4개의 계급을 나타내. 4개의 계급은 노동자, 농민, 지식인, 민족 자본가란다.

베이징의 3대 문화유산

중국의 수도인 베이징은 기원전 3천 년 무렵 주나라 때에는 '계'라 불렸어. 그리고 기원전 400년 무렵의 춘추 전국 시대에는 연나라의 도읍지였지. 그 후로도 베이징은 오랫동안 중국 수도의 자리를 지켜 왔어. 중국처럼 거대한 나라의 정치·문화 중심지로 오랫동안 수도가 된 도시는 드물어.

그런데 베이징이 가지고 있던 옛스러움은 1949년부터 시작된 현대화와 공업화에 의해 많이 파괴되었어. 그로 인해 베이징을 둘러싸고 있던 성벽이 허물어졌고, 물이 흐르던 곳은 흙으로 메워졌으며 도로와 건물이 들어섰지.

뒤늦게 중국 정부는 베이징이 더 이상 공업화되지 않도록 법까지 만들었어. 그래서 지금은 역사적 가치를 지닌 건물과 오래된 음식점, 전통 공예품 등에서 과거의 모습을 엿볼 수 있지. 하지만 지금도 베이징은 교통 체증, 주택 부족, 대기 오염과 소음 공해, 문화유산의 파괴 등과 같은 문제에 부딪히고 있단다.

베이징에 있던 성벽은 대부분 사라졌지만 베이징 한가운데에는 자금성이 남아 있어. 자금성은 황제의 권위를 과시하기 위해 지은 성으로 베이징에서 가장 유명한 유적이지. 자금성에는 명나라와 청나라 때 500여 년간 24명의 황제가 살았어. 그리고 방이 무려 9,999개나 된다고 해. 1만 개 이상의 방을 만들 수도 있었지만, '만萬'이라는 것은 신을 의미하기 때문에 신을 능가하지 않기 위해서 9,999개의 방만 만들었다고 해. 중국인들이 '고궁 박물관'이라고 부르는 자금성은 1987년 유네스코의 세계 문화유산에 등록되었어.

자금성의 모습은 우리나라 서울에 있는 경복궁을 확대해 놓은 것이라고 생각하면 쉬워. 하지만 그 규모는 비교할 수 없을 정도로 어마어마하게 크단다. 지붕에 황제의 색인 황금색 기와가 얹어진 것이 독특하지. 자금성의 정전인 태화전은 중국에서 가장 큰 궁궐 건물이야. 태화전은 황제가 신하들과 사신들을 만났던 곳이지.

그런데 특이하게도 자금성에는 나무가 없어. 그 이유 중 하나는 황제를 암살하려는 자객들이 숨을 수 있는 공간을 없애기 위해서야. 또한 자금성은 네모난 '口입 구' 모양인데, 그 안에 나무가 있으면 '困곤할 곤'의 모양이 된다고 해. 그래서 황제가 피곤하거나 곤란하면 안 되기 때문에 나무를 심지 않았다고 해. 재미있지?

자금성의 출입문인 천안문을 빠져나오면 천안문 광장을 볼 수 있어. 천안문 광장은 전체 면적이 44만 제곱미터로, 동시에 100만 명을 수용할 수 있는 세계에서 가장 큰 광장이야. 천안문 광장은 천안문 사태로 더 잘 알려진 곳이지.

자금성으로 들어가는 입구인 천안문. 이 앞에는 세계 최대 규모를 자랑하는 천안문 광장이 있다.

천안문 사태는 1989년 6월 4일, 천안문 광장에서 민주화 시위를 하던 학생과 시민들을 중국 정부가 무력으로 진압한 사건이야. 중국군이 시위대를 잔인하게 살해하면서 민주화 시위를 막았어. 수많은 사람들이 목숨을 잃어서 베이징 대학살 사건이라고 불리기도 하지. 그래서 지금도 천안문 광장은 수많은 공안(경찰)들이 지키고 있어. 외국인들은 거의 검문하지 않지만 중국인과 소수 민족들은 철저하게 검문하고 있지.

중국인들은 어마어마한 규모의 자금성과 천안문 광장을 자존심처럼 여기고 있어. 그리고 또 하나의 자존심은 바로 만리장성이야. 만리장성은 지금으로부터 2천여 년 전에 쌓기 시작한 성으로, 심지어 우주에서도 보인다고 할 정도란다. 고대 중국인의 피땀과 지혜가 담겨 있는 중국의 상징이자 자랑거리야.

관우를 모시는 중국인들

베이징을 돌아다니다 보면 수많은 관광객을 볼 수 있어. 외국인 관광객뿐만 아니라 중국인 관광객도 많지.

그런데 중국 단체 관광객들의 모자는 유독 붉은색이 많아. 중국 사람들은 붉은색을 귀신을 막아 주는 색으로 여기기 때문이야. 반면, 녹색 모자를 쓴 중국인들은 찾아볼 수 없어. 녹색 모자는 '멍청한 남편'을 뜻한다고 해서 거의 쓰지 않는다고 해.

중국의 음식점에 들어가면 관우의 조각상이나 그림을 볼 수 있어. 관우는 《삼국지》에서 의리를 지키는 인물로 나와서 중국인들에게 인기가 많아. 신용을 지키는 상인들은 관우를 본보기로 삼고 있지. 관우의 모습을 새긴 조각상이나 그림을 갖고 있는 것은 관우처럼 의리와 신용을 지키겠다는 뜻이래. 뿐만 아니라 많은 사람들이 관우를 재물을 가져다주는 신으로 여기고 있어. 의리와 재물을 가져다주는 신. 식당이나 물건을 파는 곳에 잘 어울리지?

만만디와 빨리빨리

베이징 시내는 수많은 사람뿐만 아니라 전차, 버스, 택시, 자전거, 인력거 등 수많은 교통수단이 얽혀 매우 복잡해. 그중에서 가장 많이 볼 수 있는 것은 자전거야. 베이징에는 자전거만을 위한 신호등이 있을 정도로 자전거 도로가 잘 마련되어 있지. 그래서 많은 사람들이 자전거를 이용해. 심지어 자전거를 타고 순찰하는 경찰관도 쉽게 만날 수 있단다.

베이징 시민들은 조금 느린 편이야. 크게 서두르는 법이 없지. 밥을 먹을 때도 아주 오랫동안 먹는단다. 뒤에서 차가 경적을 울려 대도 느긋하게 제 갈 길을 가는 자전거도 많아. 그래서 옛날 사람들은 중국인들의 특성을 '만만디'라고 표현하는 경우가 많았어. 만만디란 '천천히'라는 뜻으로, 행동이 굼뜨거나 일이 진행되는 속도가 느린 것을 이르는 말이지.

하지만 요즘은 그렇지 않아. 베이징에서 다니는 차를 보면 급출발과 급브레이크, 급회전을 하는 차들도 많거든. 조만간 만만디가 우리나라 사람들의 '빨리빨리'로 변할 수 있을까?

그리고 베이징의 길거리나 공원에서는 혼자, 또는 집단으로 느릿느릿 움직이는 동작이 특징인 태극권을 하는 사람들의 모습을 볼 수 있어. 태극권은 명나라 말부터 전해지는 중국의 전통 무술이야.

태극권 이외에 쿵푸도 중국의 전통 무술이지. 쿵푸는 기원전 5세기에 신체를 단련하기 위한 운동으로 시작되어 무술로 발전하여 오늘에 이르렀어.

자식이 아니라 소황제?

중국은 1978년부터 인구가 무분별하게 늘어나는 것을 막기 위해 출산을 제한하는 '한 가정 한 자녀' 정책을 시행했어. 혹시라도 둘째를 낳으면 '헤이하이즈^{검은 아이}'라고 불리며 호적에 올릴 수 없을 뿐만 아니라 어마어마한 벌금과 함께 두 배나 비싼 수업료를 내야 해.

이러한 중국의 한 자녀 정책으로 생긴 세대를 '소황제 세대'라고 해. 외동아이가 가정에서 사랑과 관심을 독차지하며 자라다 보니 집안의 소황제^{작은 황제}가 되기 때문이지. 물론 모든 계층의 외동아이가 그 특권을 누리는 것은 아니지만 중국의 소황제는 무려 1억 명 가까이 된다고 해.

소황제의 부모들은 하나밖에 없는 자식 잘 키우겠다는 일념으로 빚을 지면서까지 자식을 좋은 학교에 보내기 위해 노력하고 있어. 특히 베이징에 사는 사람들의 경우 자녀 교육비가 껑충 뛰었지. 베이징의 고급 유치원은 1년 교육비가 무려 3만 위안^{약 450만 원}이나 된다고 해. 베이징 일반 시민의 1년 소득인 2만 8천 위안과 비교하면 엄청난 액수지. 그런데 유치

원만 보내는 게 아니잖아? 피아노나 컴퓨터 등의 사교육 학원을 다니게 되면 교육비가 무려 4만 위안이 넘게 돼. 결국 이러한 과도한 교육열로 인해 밤 10시가 되도록 잠을 못 자는 아이들이 늘고 있다고 해. 남의 이야기처럼 들리지 않지?

재미있는 사실은 베이징에서는 자녀의 수만 제한하는 게 아니라는 거야. 애완견도 단 한 마리만 기를 수 있다고 해. 만약 이 규정을 어기면 최고 5천 위안의 벌금을 물게 되지. 이렇게 하는 까닭은 광견병처럼 개가 옮기는 치명적인 질병이 크게 늘어났기 때문이라고 해.

2 유럽

유럽은 아시아의 서쪽, 아프리카의 북쪽, 대서양의 동쪽에 자리 잡고 있어. 면적은 작지만 많은 나라가 있어서 유럽은 아시아 다음으로 인구 밀도가 높아. 특히 독일, 러시아, 프랑스, 영국, 이탈리아의 인구가 많은 편이야.

프랑스, 독일, 영국은 서부 유럽의 대표적인 나라야. 그렇다면 자유로운 예술의 나라 프랑스의 수도 파리, 분단에서 통일을 이룬 독일의 수도 베를린, 해가 지지 않는 나라 영국의 수도 런던은 어떻게 발전하여 오늘날 유럽의 상징이 되었을까?

그리스·로마 문명은 유럽의 남쪽인 지중해 연안의 남부 유럽에서 발생했어. 남부 유럽은 그리스와 로마의 유적을 많이 가지고 있을 뿐만 아니라 따뜻하고 쾌적한 날씨로 인해 세계적인 관광지로 발달했지. 장화 모양의 이탈리아가 남부 유럽의 대표적인 나라야. 이탈리아의 수도 로마에서는 어떤 문화를 볼 수 있을까?

한편, 러시아는 유럽 동부에서 아시아 동부까지 두 대륙에 걸쳐 넓은 영토를 갖고 있어. 러시아는 혁명과 예술의 나라라고 불려. 옛날에는 사회주의 체제였지만 지금은 자본주의 체제를 도입해서 빠른 속도로 변화하고 있지. 그렇다면 러시아의 수도 모스크바는 어떤 모습일까?

지금부터 베를린, 모스크바, 런던, 로마, 파리로 떠나 보자.

독일의 베를린

분단국가에서 통일 국가로

　2차 세계 대전 이후의 동·서 냉전은 우리나라와 독일에 민족 분단의 시련을 안겨 주었어. 우리나라는 1948년에 남북이 따로 정부를 수립하며 분단되었고, 독일도 이념이 다른 서독과 동독으로 분단되었지.
　지금도 우리나라는 분단 상태이지만 독일은 통일을 이루었어. 그리고 유럽의 중부라는 지리적 위치처럼 유럽의 중심 국가로 활약하고 있지.
　독일은 1세기 후반 동프랑크 왕국에서 시작되었어. 이후에 수많은 도시와 왕국으로 나뉘었다가 1871년에 프로이센 왕국이 모든 왕국과 도시를 통일하면서 독일 제국을 세웠지.
　독일은 20세기에 두 번이나 세계 대전을 일으켜서 유럽의 주변 국가들을 공포에 떨게 했어. 1914년에는 삼국 동맹을 맺은 독일, 오스트리아, 이탈리아와 삼국 협상을 맺은 프랑스, 영국, 러시아 사이에 충돌이 일어났어. 이게 바로 1차 세계 대전이야. 치열했던 전쟁은 1918년 독일의 패

배로 끝이 났지.

그 이후에는 나치당의 지도자인 히틀러가 정권을 잡았어. 히틀러는 베를린을 세계의 중심 도시로 만들려고 했어. 나치 정권은 오스트리아를 합친 뒤 폴란드를 침공하면서 2차 세계 대전을 일으켰고, 프랑스를 점령하면서 유럽의 대부분을 차지했지. 뒤이어 미국과 소련 지금의 러시아이 참전하면서 전쟁은 계속되었어. 나치 정권은 1945년 연합국에 항복을 선언했고 미국, 영국, 프랑스, 소련으로 이루어진 연합국의 통치를 받게 되었지.

연합국이 통치하던 독일이 왜 분단국가가 되었느냐고? 미국과 소련이 사이가 나빴기 때문이야. 1949년, 두 강대국의 입김으로 인해 독일은 독일 연방 공화국서독과 독일 민주 공화국동독으로 갈라지고 말았어.

그로부터 41년이 흐른 1990년, 동독이 서독에 편입되면서 평화적으로 통일을 이루었지. 이후 독일은 놀라운 경제 발전을 이룩해서 지금은 세계 4위의 경제 대국이 되었단다. 사람들은 독일의 경제 발전을 '라인강의 기적'이라 부르곤 해.

독일의 국기는 위로부터 검정, 빨강, 노랑의 3가지 색으로 구성되어 있어. 검정 색은 인권 억압에 대한 분노를, 빨강은 자유를 그리는 정신을, 노랑은 진리를 상징하지.

관공서 등의 공공 기관에서 국기를 걸 때는 문장 그림이 있지만 일반적으로는 문장이 없는 국기를 사용해. 독일에서는 둘 다 공식적인 국기로 인정하고 있지.

분단의 아픔을 지닌 베를린

독일의 수도는 베를린이야. 베를린이라는 지명은 '베를라인'이라는 단어에서 유래되었어. 독일어로 베를라인은 '아기 곰'이라는 뜻이지. 베를린의 상징이 바로 이 곰이란다. 그래서 베를린 국제 영화제에서 최우수 작품상을 '큰곰상', 감독상을 '은곰상'이라고 부르는 거야.

특히 '버디 베어'는 베를린의 상징이야. 만세 포즈를 취하고 평화를 상징하는 이 곰 인형은 베를린 시내에서 흔히 볼 수 있지.

앞에서 독일이 세계 대전에서 패한 뒤에 서독과 동독으로 갈렸다고 했지? 그때 베를린도 두 조각이 나면서 콘크리트 장벽이 세워졌어. 그러다가 1990년 통일을 할 때 41년 만에 베를린 장벽이 무너지게 되었지. 베를린은 통일 독일의 수도가 되었고 말이야.

베를린을 동서로 나누었던 베를린 장벽은 전체의 98퍼센트가 제거되었지만 분단의 아픔을 기억하기 위해 약 2퍼센트는 남겨 놓았어. 이 중 일부는 세계 각국 미술가들이 벽화를 그려 넣어 예술품으로 변신했고, 또 일부는 자리를 옮겨 역사 교육 자료나 기념품으로 판매되고 있지. 베를린 장벽의 파편은 한 조각에 보통 10유로_{약 1만 5천 원} 정도 한다고 해.

동서 분단의 베를린을 상징하는 곳 중 하나는 '브란덴부르크 문'이야. 높이 26미터, 길이 65.5미터인 브란덴부르크 문은 분단 독일 시대에 베를린을 동서로 가르던 곳으로, 이 문을 중심으로 베를린 장벽이 길게 늘어서 있었지. 즉, 브란덴부르크 문은 냉전 시대에 분열된 동서 베를린의 경계선이자 유일한 관문이었단다.

브란덴부르크 문은 1789년에 아테네 아크로폴리스의 입구 성문을 본떠서 만들었어. 문 위에는 조각가 샤토가 제작한, 네 필의 말이 끄는 멋진 2륜 마차 동상이 있어. 평화의 상징이었던 이 전차는 1806년 프랑스 군대가 베를린을 점령했을 때 나폴레옹이 승리의 기념품으로 파리로 가져갔지. 하지만 독일이 워털루 전쟁에서 승리한 후에 되찾아 왔어. 그 이후에는 마차 동상이 승리의 상징물로 여겨지며 '승리의 콰드리가'라고 불리게 되었어.

　그런데 2차 세계 대전에서 승리한 연합군은 일부러 이 브란덴부르크 문을 서독과 동독의 경계선으로 삼았다고 해. 그 까닭은 19세기 독일 승리의 상징이었던 브란덴부르크 문을 독일 분열의 상징으로 만들기 위함이었지. 전쟁에 패했지만 언제 다시 일어설지 모르는 독일에 대한 두려움 때문이기도 했어. 그만큼 독일은 무척 강한 나라야.

신호등의 상징, 암펠만

베를린은 유네스코에서 선정한 디자인 창의 도시 중 하나야. 베를린의 디자인은 한마디로 '형태는 기능을 따른다.'라고 표현할 수 있어. 즉, 예쁘게 꾸미는 것보다 실용성을 중요하게 생각한다는 뜻이지.

그중에 대표적인 디자인 브랜드는 신호등 안에 그려진 모자를 쓴 신호등 맨 '암펠만'이야. 신호등을 뜻하는 '암펠'과 남자를 뜻하는 '만'이 합쳐져서 신호등 맨이라고 불리지.

원래 암펠만은 동독의 보행자 신호등의 캐릭터였다고 해. 사람들이 단조로운 색깔의 신호등을 제대로 보지 않고 무시하자 사람 모양의 심벌이 들어간 보행자 신호등을 만든 거지. 초창기 암펠만은 모자를 쓴 큰 머리와 만화 같은 몸이 특징이었어. 다른 나라의 신호등보다 빨간 등, 초록 등의 면적이 두 배나 되고, 강렬하면서도 귀여운 디자인 덕분에 교통사고를 크게 줄이는 데 도움이 되었다고 해.

베를린 장벽이 무너진 후 암펠만이 사라질 위기에 처하자 많은 사람들이 암펠만을 살리기 위한 캠페인을 벌였어. 그 후 지금과 같은 디자인의 암펠만이 나오게 되었지.

암펠만은 교통 신호뿐 아니라 지우개, 열쇠고리, 레스토랑 간판, 자전거 등 관련 제품만 300개가 넘을 정도로 인기를 누리고 있어. 베를린 시민들이 가장 아끼고 사랑하는 통일 독일의 상징이 된 거야.

또, 베를린에서는 시내 어느 곳에서나 365미터 높이의 '텔레비전 탑'

을 볼 수 있어. 1969년에 만들어진 텔레비전 탑은 유럽에서 두 번째로 높은 텔레비전 타워로, 이쑤시개 모양을 닮았다고 해서 '이쑤시개 탑'이라 불리기도 해. 텔레비전 탑은 승강기를 타고 올라갈 수 있는데 40초면 전망대에 올라가서 베를린을 내려다 볼 수 있어.

베를린 시내 여기저기서 볼 수 있는 암펠만 캐릭터

장래 진로는 초등학교 4학년 때 결정

독일에서는 만 6살이 되면 초등학교에 들어가서 4년의 의무 교육 과정을 마치게 되어 있어. 그 과정이 끝나면 학생의 능력과 취향에 따라 상급 학교로 진학하게 되지. 상급 학교는 김나지움, 레알슐레, 하우프트슐레가 있어.

김나지움은 인문계 중·고등학교라 할 수 있어. 대학 진학을 목표로 하는 학생들이 진학하는 곳이야. 9년 과정이기 때문에 13학년이 되어야 졸업할 수 있는데 지금은 12학년으로 줄이는 방안을 추진 중이야.

6년 과정인 레알슐레는 은행원, 경찰, 공무원 등 경제와 행정 분야에 진출할 수 있도록 준비시키는 학교란다. 또, 5년 과정인 하우프트슐레는 국민이 알아야 할 기초 지식을 가르치는 학교라고 할 수 있지.

이러한 교육 과정 때문에 독일 아이들은 초등학교 4년이 끝나면 장래 진로를 결정하게 돼. 이때 대부분의 아이들은 담임 선생님의 의견을 따라서 상급 학교에 가게 되지.

물론 독일 모든 지역이 같은 교육 제도를 택하고 있지는 않아. 나라가 아니라 각 지역에서 교육 제도를 책임지기 때문이야. 그래서 베를린은 초등학교 과정이 6년이야. 즉, 6학년을 마친 후에 학술 학교인 김나지움, 기술 학교인 레알슐레, 실무 학교인 하우프트슐레에 진학하게 되는 거지.

속도 제한 없는 아우토반

독일에는 자동차 전용 도로인 '아우토반'이 있어. 아우토반은 자동차를 뜻하는 '아우토'와 길을 뜻하는 '반'이 합쳐진 단어야. 아우토반은 나치 정권 아래에 있던 1933년부터 라이히스 아우토반(독일 제국 자동차 도로)이라는 이름으로 만들어지기 시작했어. 오늘날 아우토반은 총 길이가 1만 5천 킬로미터에 이르러서 독일 대부분의 지역이 아우토반에서 50킬로미터 이내에 위치하고 있지.

아우토반은 속도 제한이 없는 도로로 알려져 있어. 하지만 자동차의 최고 속도 이상으로는 달릴 수 없겠지? 그리고 지금은 속도 제한 구간이 많아져서 속도 무제한 구간은 전체 노선의 20퍼센트밖에 되지 않아. 그래서 아우토반에도 과속을 단속하는 교통경찰이 있어. 물론 교통경찰이 타는 차도 엄청 빠른 속도로 달릴 수 있어야겠지?

아우토반에서는 좌측으로 갈수록 속도가 빠르고, 우측으로 갈수록 속도가 느려야 한다는 교통 법규를 잘 지켜야 해. 즉, 뒤에서 빠른 차가 오면 오른쪽으로 비켜 줘야 하는 거지. 특이한 점은, 다른 나라의 고속 도로와 달리 통행료를 내지 않아도 된다는 거야.

이렇게 속도 무제한 고속 도로인 아우토반이 만들어진 까닭은 독일인들이 양보를 잘하고 질서를 잘 지키기 때문이라고 할 수 있어. 독일은 유럽에서 질서를 가장 잘 지키는 나라로 유명하거든. 독일 사람들은 기계처럼 정확하게 남을 배려하지. 그 까닭은 명령을 잘 따르는 독일인들의 습관이 규칙을 준수하는 문화로 자리 잡게 되었기 때문이라고 해.

러시아의 모스크바

보드카와 흑빵을 사랑하는 민족

러시아 사람들은 러시아에서 가장 좋은 것은 보드카와 흑빵이라고 해. '마누라 없인 살아도 흑빵과 보드카 없인 못 산다.'는 속담이 있을 정도니까 말이야.

보드카는 호밀과 밀을 원료로 해서 만든 러시아 전통 술로 후추, 딸기, 레몬을 곁들여 마셔. 우리나라 소주의 알코올 도수가 20도 정도인 데에 비해 보드카는 45~50도 정도로 높아서 독한 술이라는 이미지가 강하지. 12세기부터 러시아에서 제조하기 시작했는데, 영하 30도가 넘는 러시아의 추위를 이겨 내기 위해서 보드카를 즐겨 마시기 시작했지. 그래서 러시아어의 '보드카'는 '생명의 물'이라는 의미가 있다고 해.

흑빵은 호밀이 주원료인 빵이야. 호밀은 러시아의 차가운 땅에서도 잘 자라는 곡식이지. 러시아의 흑빵은 다른 유럽 등지의 흑빵보다 더 영양이 많고 찰지며 신맛이 나는 것이 특징이라고 해. 처음에는 시큼한 맛이 입에 안 맞을 수도 있지만, 한번 그 맛에 빠지면 다시는 흰 빵을 찾지 않을 정도로 중독성이 강하다고 하지.

그렇다면 러시아 사람들이 싫어하는 것은 무엇일까? 바로 날씨야. 날씨는 러시아 생활을 어렵게 만들어. 러시아는 항상 구름이 많고 흐린 날씨가 계속되어서 1년에 햇볕을 쬘 수 있는 날을 모두 합쳐 봤자 60일이 채 안 된다고 해. 그래서 러시아 사람들은 해가 긴 여름에는 햇볕 아래 알몸을 내놓고 일광욕을 즐기지.

특히, 모스크바의 겨울은 길고 어두워. 보통 10월 중순에 눈이 내리기 시작해서 4월 중순까지 계속되지. 그때는 오전 8시 30분이 넘어야 태

양이 뜨고 오후 4시만 되어도 태양이 져. 그리고 5월이 되어야 본격적인 봄이 시작되지. 6, 7, 8월은 모스크바에서 가장 행복한 계절이야. 7월에는 모스크바 국제 영화제와 열정적인 모스크바 맥주 축제가 펼쳐진단다.

유럽과 아시아를 아우르는 러시아

러시아는 유럽 동부에서 아시아 동부까지, 두 대륙에 걸쳐 넓은 영토를 갖고 있는 나라로 세계에서 영토가 가장 넓어. 지구 육지 면적의 6분의 1을 차지한다고 하니까 어마어마하게 큰 나라지? 유럽 대륙의 전체 크기를 합쳐도 러시아보다 작을 정도야.

영토가 워낙에 넓다 보니 러시아 안에서는 낮과 밤이 한꺼번에 일어나. 동부 지역 사람들이 일을 하는 낮에 서부 지역 사람들은 밤이라서 잠을 자야 해. 그래서 러시아는 표준 시간대가 11개나 되지. 러시아 영토의 동쪽 끝과 서쪽 끝의 시간 차이가 11시간이나 된다는 말이야.

러시아는 9세기에 키예프 대공국이었다가 몽골에게 정복당하기도 했어. 14세기 모스크바 대공국을 거쳐 17세기 이후에 러시아 제국으로 발전했지. 이때부터 러시아라는 이름이 정식 국가 명칭으로 쓰였어.

그러다가 1917년 레닌이 이끄는 볼셰비키 세력이 혁명에 성공하면서 러시아 제국이 붕괴되었고, 1922년에 소비에트 사회주의 공화국 연방(소련)이 세워졌어. 그로부터 70년이 흐른 1992년 1월 1일, 소련이 해체되면서 독립 국가가 되었지. 그 후, 다른 공화국들과 연합하여 만든 국가 연합체인 독립 국가 연합에 속하게 되었어.

러시아는 다민족으로 구성되어 있어서 민족성, 언어, 종교가 다른 민족들 간에 융화가 잘 이루어지지 않아. 그래서 정부는 여러 민족을 강제로 융화시키기보다는 자치를 허용하고 소수 민족의 고유 언어와 관습을 인정하면서 서로 간의 갈등을 줄이려고 해. 러시아는 89개의 연방 주체로 구성되어 있으며, 21개의 자치 공화국이 독자적인 헌법과 의회, 내각, 자체 언어를 가지고 있어. 하지만 각 자치 공화국을 독립국으로 인정하고 있지는 않아.

그래서 여러 자치구에서는 완전 독립을 요구하며 러시아와 갈등을 빚고 있어. 특히 러시아 정교를 믿는 러시아와 달리 이슬람교를 믿는 체첸은 소련이 무너질 때 독립을 선언했지. 하지만 러시아는 군사력을 동원해 체첸 공화국의 수도인 그로즈니를 함락시키면서 독립을 인정하지 않았어. 지금도 체첸의 군사 충돌 사태는 현재 진행형이야.

러시아는 광활한 영토에 석유, 석탄, 천연가스, 철광석 등 모든 종류의 자원을 가지고 있어. 그런데 소련 공산 체제에서 과학과 군사적인 측면만 발전시켜서 경제적인 어려움을 겪기도 했지. 소련의 붕괴 이후에 시장 경제 체제로 전환하기 위해 노력한 결과 1999년부터는 경제가 회복되고 있어. 오늘날 러시아는 인구와 GDP 국내 총생산가 세계 10위 안에 드는 강대국이야.

러시아 국기는 위로부터 하양, 파랑, 빨강의 삼색기야. 하양은 고귀함과 진실, 자유, 독립을 나타내고 파랑은 정직, 헌신, 충성을 나타내며 빨강은 용기, 사랑, 희생을 나타내지. 이 국기는 1707년에 만들어졌지만 러시아 혁명 이후에 쓰지 않았다가 2000년에 다시 러시아의 국기가 되었어.

러시아의 심장, 모스크바

모스크바는 러시아의 수도이자 러시아 최대의 도시로, 세계에서는 4번째로 커. 모스크바라는 도시 이름은 중심부에 흐르는 모스크바강에서 유래되었어.

1147년 무렵에 생겨난 모스크바는 14세기에서 18세기 초까지 러시아 제국의 수도였어. 그 후에는 상트페테르부르크가 수도가 되었지만, 러시아 혁명 이후 1918년에 다시 모스크바가 수도가 되었어. 그리고 1922년 소련의 탄생과 함께 모스크바는 소련의 수도가 되었지. 또한, 1991년 소련 붕괴 이후에도 러시아 연방의 수도가 되었단다.

모스크바의 중심 크렘린 궁과 바로 옆에 위치하고 있는 붉은 광장 그리고 성 바실리 대성당은 모스크바를 느낄 수 있는 대표적인 곳이야.

크렘린 궁은 모스크바의 중심에 위치해 있어서 러시아의 심장이자 러시아의 위대함을 상징해. 1495년에 이탈리아 건축가들에 의해 세워졌는데, 성채의 윤곽은 삼각형이고 성벽 총 길이는 2,235미터야. 이 성벽을 따라서 18개의 탑이 있는데 그중 가장 높은 것은 구세주 탑과 트로이츠

카야 탑삼위일체 탑이야. 특히 트로이츠카야 탑의 꼭대기에 있는 별은 보기에는 작아 보이지만 지름이 3.75미터나 되고 무게도 1톤이나 된다고 해.

　크렘린 궁과 함께 1990년 세계 문화유산에 등록된 붉은 광장은 모스크바 하면 제일 먼저 떠오르는 곳 중 하나야. 15세기 말 크렘린 궁의 화재 위험을 없애고 시장으로 사용하기 위해 목조 건물을 철거하면서 만들어졌어. 길이 700여 미터, 폭 150여 미터의 넓은 직사각형 모양인데, 광장 북쪽으로 국립 역사박물관, 남쪽으로 성 바실리 대성당, 동쪽으로 굼 백화점, 서쪽으로 레닌 묘가 있어.

모스크바 붉은 광장에 위치한 성 바실리 대성당. 양파처럼 생긴 9개의 돔이 특징이다.

붉은 광장은 16세기에는 처형장으로 쓰였고 17세기에는 행정 기관이 들어서는 등 점차 변화하면서 붉은 광장이라고 불리게 되었어. 러시아어로 '붉은'이라는 말은 '아름다운'이란 뜻도 있어. 즉, 붉은 광장은 '아름다운 광장'이라는 의미지.

붉은 광장의 남쪽 끝에는 1560년에 완공된 성 바실리 대성당이 있어. 러시아의 건축 양식의 화려함을 보여 주는 러시아 정교회 성당이야. 마치 양파처럼 생긴 9개의 돔이 저마다 독특한 양식을 뽐내고 있지. 러시아 황제가 이처럼 아름다운 건축물을 다시는 못 짓게 하기 위해 성 바실리 대성당을 건축한 바르마와 보스토니크의 눈을 멀게 했다는 슬픈 일화가 전해지기도 해. 한편, 레닌 묘에는 썩지 않도록 방부제로 처리된 레닌의 시신이 정장 차림으로 누워 있는 것을 볼 수 있단다.

인형 속에 또 인형이?

모스크바 시내의 상점에서 가장 눈에 띄는 것은 목각 인형 '마트로시카'야. 정교한 그림이 그려진 통통한 인형을 돌려서 열면 그 안에서 또 다른 인형이 나오고 그것을 열면 더 작은 인형이 숨어 있지. 5겹이 보통이지만 주먹만 한 인형에서 15개의 인형이 끊임없이 나오기도 해. 큰 인형 속에서 나오는 작은 인형은 크기만 다른 것이 아니라 자세히 보면 그림도 조금씩 달라. 러시아에서 흔히 볼 수 있는 자작나무로 만든 이 인형은 전부 손으로 그리는 거라 똑같이 생긴 게 없거든. 마트로시카는 끊임없이 계속되는 행운을 상징해. 그래서 인형 안에 인형이 많을수록 복을 많이 받는다고 해.

마트로시카라는 이름은 러시아어로 어머니라는 뜻의 '마티'에서 유래되었어. 즉, '어머니 인형'이라는 뜻이지. 그런데 마트로시카는 러시아의 전통 인형이 아니야. 19세기 말 일본을 방문한 러시아 인형 업자가 후쿠시마 지방의 인형을 보고 만든 것이지. 하지만 오늘날 마트로시카는 러시아 문화를 엿볼 수 있는 상품이라고 할 수 있어.

마트로시카는 보통 러시아 전통 의상을 입은 소녀 모습으로 만들지만, 요즘은 정치인, 연예인과 같은 유명인을 모델로 쓰이기도 해.

어머니의 인형이 인기를 끄는 것은 러시아가 오래전부터 여성의 나라라고 할 만큼 여성이 우대받으며 살았기 때문이야. 러시아 최고의 명절은 설날도 아니고 크리스마스도 아닌 여성의 날인 3월 8일이라고 해. 그리고 이혼하게 되면 여성이 재산의 80퍼센트를 갖지. 또, 러시아는 여성

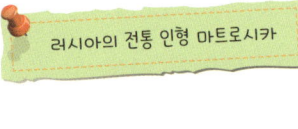
러시아의 전통 인형 마트로시카

에 대한 사회 여러 분야의 혜택과 문화 행사 할인이 많아 여성이 여왕처럼 누리며 사는 나라라고 할 수 있어.

러시아인들의 휴식지 다차

모스크바의 건물들 중 5분의 1은 회색이야. 도시 전체가 대부분 아파트이기 때문에 단독 주택을 찾아보기 힘들지. 그래서 대부분의 모스크바 시민들은 도시 바깥에 '다차'라는 별장을 가지고 있어.

다차는 러시아의 고유문화 중 하나인데 쉽게 생각하면 텃밭이 딸린 통나무집이나 주말농장이라고 할 수 있어. 러시아 국민의 70퍼센트가 다차를 가지고 있지. 대부분 금요일 저녁부터 일요일 저녁까지 이곳에서 2박 3일간 지내면서 농사를 짓고 휴식을 취해. 그래서 금요일 점심부터 모스크바 교외로 향하는 큰길은 다차로 향하는 차량들 때문에 매우 혼잡해.

특히 6개월간의 긴 겨울이 끝난 5월은 대대적인 다차 시즌이야. 러시아 사람들은 봄부터 가을까지 휴가 기간에 다차에서 채소를 가꾸며 쉬는 것이 몸에 배어 있어.

다차 문화는 19세기 러시아 제국 시대부터 내려온 전통으로, 1970년대 말 러시아 정부가 다차를 갖고 싶어 하는 사람들에게 각각 600제곱미터의 땅을 무료로 나눠 주면서 러시아인들의 삶 깊숙이 자리 잡았다고 해.

러시아의 다차에는 '바냐'라고 하는 사우나 실이 있어. 벽 한쪽에 있는 난로에 물을 부어 김이 나게 하고 혈액 순환과 노폐물 배출을 위해 자작나무 가지로 젖은 몸을 두드리는 곳이야.

그런데 2박 3일 동안 도시의 집을 비워 두면 도둑이 들 수 있겠지? 그래서 사람들은 집에 카메라를 설치하기도 하고 '가족 중에 FSB 연방보안국 요원 있음. 무단 침입 이후가 걱정되면, 조용히 돌아가기 바람.'이라는 글을 써서 붙여 놓기도 한단다.

질서 의식이 뛰어난 모스크바 사람들

모스크바 지하철은 모스크바의 자랑거리야. 전쟁 시 대피소 겸용으로 만들었다는 말처럼 지하 최고 150미터의 깊이를 자랑한단다. 게다가 지하철역마다 수정 샹들리에, 조각상, 모자이크 등 독특한 장식과 인테리어를 하고 있어서 마치 궁전이나 박물관처럼 보여. 그리고 모스크바에서는 대리석이 많이 나는데, 지하철역의 바닥, 천정이 모두 대리석으로 장식되어 있어서 모스크바 지하철을 '시민의 궁전'이라고 부르기도 해.

지하철을 이용하다 보면 모스크바 시민들이 줄 서기를 무척 잘하는 것을 볼 수 있어. 아마도 소련 사회주의 시절에 배급을 받기 위해 한참 동안 묵묵히 줄을 서서 기다려야 했던 습관이 몸에 배어 있기 때문일지도 몰라. "당신이 맨 끝이죠?" 하고 물으면서 자리를 확인하는 모습도 자주 볼 수 있지.

　모스크바에는 지하철 외에도 전차와 트롤리버스가 있어. 전차는 레일 위를 달리며 공중의 전선에 매달려 가는 것이고, 트롤리버스는 레일 없이 도로 위에서 전선에 매달려 가는 버스야.

　모스크바는 시베리아 횡단 철도의 출발지이기도 해. 시베리아 횡단 철도는 유럽에 있는 모스크바에서 아시아 대륙 동쪽의 끝 블라디보스토크까지 9,000킬로미터가 넘는, 세계에서 가장 긴 철도망으로 정식 명칭은 '대시베리아 철도'야. 너무 길기 때문에 하루 만에 갈 수는 없고 7일 동안 7개의 시간대를 지나야 하지.

　러시아 사람들의 국민성은 원래 다정다감한 편이었다고 해. 하지만 70년 동안 계속된 사회주의 체제의 영향으로 자기 감정을 외부로 명확히 표현하는 경우가 거의 없고 무뚝뚝해졌지.

　그래도 러시아 사람들은 손님을 대접하는 걸 좋아해. 러시아 가정에 식사 초대를 받으면 식탁 가득 차려진 음식을 볼 수 있어. 모스크바에서 초대를 받은 뒤 돌아갈 때 악수와 같은 작별 인사는 현관문 안에서 해야 해. 현관문을 사이에 두고 악수를 하게 되면 불길한 일이 일어난다고 믿기 때문이야.

영국의 런던

영국은 잉글랜드가 다가 아니다

　영국에서 사람을 만나면 자연스럽게 인사를 하면서 "영국 사람입니까?" 하고 묻겠지? 그런데 어떤 사람은 고개를 저으면서 "난 스코틀랜드 사람입니다."라고 대답할 거야. 분명 영국 사람인데 아니라고 하면 황당하겠지? 그래서 영국인을 만나면 호칭에 주의해야 해. 영국은 잉글랜드, 웨일스, 스코틀랜드, 북아일랜드를 포괄하거든.
　'영국'은 '잉글랜드'를 한자로 바꾼 말로, 정식 이름이 아니야. 영국의 공식 명칭은 '그레이트브리튼 및 북아일랜드 연합 왕국'이야. 가장 큰 섬인 그레이트브리튼섬과 아일랜드섬 북부가 연합되어 이루어진 섬나라이기 때문이지. 그레이트브리튼섬은 3분의 2를 차지하는 남쪽의 잉글랜드와 섬의 3분의 1에 해당하는 북쪽의 스코틀랜드, 그리고 서쪽의 웨일스로 이루어져 있어.
　중요한 것은 이들 지역은 각기 다른 전통과 문화를 갖고 있으며 역사적 이유로 갈등 관계에 있다는 거야. 그래서 웨일스인, 스코틀랜드인, 북아일랜드인에게 잉글랜드인이라고 말하는 것은 큰 실례가 되지. 대신, 각각을 웰쉬, 스코티쉬, 아일리쉬, 잉글리쉬라고 부르거나 통칭해서 '브리티쉬'라고 부르는 것이 적절한 호칭이야.

영국에 살고 있던 원주민은 켈트족으로 영국 본토에서 약 2천4백 년 동안 살고 있었어. 켈트족은 몸에 그림을 그리는 풍습이 있었는데 그리스인들은 이를 보고 '몸에 그림을 그리는 사람'이란 뜻으로 '프레타니키아'라고 불렀지. 이 그리스어가 훗날에 영국을 '브리튼', '브리티쉬'라고 부르게 만들었어.

켈트족은 로마 제국의 지배를 오랫동안 받고 있다가 로마 제국이 망한 후에 스코틀랜드 왕국, 웨일스 공국, 잉글랜드 왕국으로 분리되었어.

1536년 웨일스 공국이 잉글랜드 왕국의 지배를 받게 되면서 1차 통합이 이루어졌지. 그 다음에 1707년 스코틀랜드 왕국과 잉글랜드 왕국은 정치적 연합의 한 형태인 그레이트브리튼 왕국을 만들었어. 1800년에는 아일랜드 왕국이 통합되면서 그레이트브리튼 아일랜드 연합 왕국이 설립되었지.

그 후 1922년에 아일랜드 공화국이 독립하고, 1937년에 정식 독립국으로 인정받게 되지. 하지만 북아일랜드는 영국에 속하게 되었어. 그 후, 아일랜드 공화국은 1949년에 영국 연방에서도 탈퇴하여 완전한 독립국이 되었고, 현재 유럽 연합에도 독립적으로 가입되어 있어.

이렇듯 영국은 잉글랜드·스코틀랜드·웨일스·북아일랜드가 정치적으로 연합되어 이루어진 섬나라라고 할 수 있지. 쉽게 말하면 한 지붕 아래 네 가족이 살고 있는 것과 같아. 이렇게 복잡한 역사 때문에 영국은 아직도 여러 가지 문제에 시달리고 있어. 각 지역에서 각자 독립을 주장하는 사람들이 많기 때문이지.

해가 지지 않는 나라의 유니언 잭

영국은 해양 대국으로 세계 여러 나라에 식민지를 건설해 '해가 지지 않는 나라'라고 불렸어. 한때는 지구의 4분의 1이 넘는 땅을 차지하고 세계 인구의 절반을 다스렸기 때문이지.

그러다가 시민 혁명으로 민주주의가 태동했고, 1760년 산업 혁명으로 자본주의가 시작되어 유럽 역사의 중심지가 되었지.

영국의 국기는 연합기, 또는 '유니언 잭'이라고 불러. 이는 잉글랜드와 스코틀랜드, 아일앤드 3국의 기를 합쳐서 만들었기 때문이야. 3국의 기는 모두 기독교에서 기원한 십자가를 응용한 것인데 십자군 원정 때부터 사용되었지.

잉글랜드 기는 흰색 바탕에 붉은 십자가 모양이고, 스코틀랜드 기는 청색 바탕에 흰색 대각선 십자 모양으로 되어 있어. 1803년에 아일랜드가 영국 왕국에 합쳐지면서 여기에 아일랜드를 상징하는 붉은색 사선 십자를 넣어 지금의 국기가 되었지. 웨일스는 17세기 영국 국기가 처음 만들어질 당시에 이미 잉글랜드에 통합되어 있었기 때문에 웨일스의 상징은 반영되지 않았어.

관광 명소로 가득한 런던

영국은 잉글랜드, 웨일스, 스코틀랜드, 북아일랜드 등 4개 지역의 연합체로 이루어진 나라라고 했지? 영국의 수도인 런던은 4개의 지역 중 잉글랜드 지방에 위치하고 있어.

기원전에 로마의 카이사르가 바다를 건너와 브리튼섬을 점령했어. 80년에는 다시 로마군이 스코틀랜드까지 점령했지. 그때부터 영국은 400년 동안 로마의 지배를 받았어. 로마인들이 '런디니움'이라고 부르던 지방이 상공업의 중심지가 되었는데, 그곳이 지금의 런던이야. 런던은 16세기 엘리자베스 1세 때 매우 빠른 속도로 팽창하기 시작했지.

런던에 가면 대화재 기념탑이 있어. 1666년에 일어난 런던 대화재 사건을 기념하고 도시의 재건을 축하하기 위한 탑이지. 당시 런던은 대화

재로 완전히 파괴되고 말았어. 화재로 목숨을 잃은 사람은 9명뿐이었지만 불은 5일 동안이나 계속되었고 런던 시내의 건물 중 85퍼센트 이상이 불에 탔지. 그 후 빠른 복구에 힘써서 고대와 현대의 모습이 묘하게 어우러진 지금의 런던이 되었어.

런던의 중심부에는 템스강이 흐르고 있어. '템스'의 원래 뜻은 '어둡다'

인데 중세 아일랜드어에서는 '어두운 회색'을 뜻하기도 했어. 템스강을 따라 런던을 한번 둘러볼까?

런던 타워는 템스강 북쪽 기슭에 있어. 런던 타워는 노르만 출신으로 영국을 정복한 윌리엄이 요새로 사용하기 위해 지었지. 그 후 여러 차례 왕궁으로 쓰이다가 귀족들의 감옥으로 쓰이기도 했어. 지금은 왕관이나 왕실 유물, 옛날 무기와 고문 도구 등이 전시되어 있어. 특히 화이트 타워에 있는 보석관에는 세계에서 가장 큰 536캐럿 다이아몬드로 만든 지휘봉과 360캐럿 다이아몬드로 만든 왕관이 보관되어 있지.

타워 브리지는 템스강 하류에 있는 아름다운 다리야. 호레이스 존스 경의 디자인으로 1887년부터 만들기 시작해서 1894년에 완성되었지. 타워 브리지의 총 길이는 277미터로 크고 작은 고딕풍 첨탑이 있어서 마치 중세 시대의 성을 연상시켜. 양쪽에는 두 개의 탑이 있으며 다리 중앙은 개폐식으로 설계돼 있어서 큰 배가 통과할 때 위쪽으로 열리게 되어 있어. 1천 톤 무게의 다리 하나가 완전히 올라가는 데 90초가 걸린다고 해.

옛날에 배가 많이 다닐 때에는 한 달에 700번씩 다리를 올렸지만 요즘엔 일주일에 서너 번이 고작이라고 해. 처음에는 다리가 올라가 있는 동안 엘리베이터를 타고 위로 올라가면 탑과 탑 사이의 통로를 지나다닐 수 있었어. 그런데 스스로 목숨을 끊기 위해 그곳에 올라가는 사람들이 많아지자 1909년부터 엘리베이터 운행을 중단했다고 해.

웨스트민스터 다리 쪽에는 큰 시계탑인 빅벤이 있어. 15분마다 종소리가 들리지. 빅벤은 높이가 98미터, 시침의 길이가 2.9미터, 분침의 길이가 4.2미터야. 그리고 15분마다 시간을 알리는 종의 무게는 13.5톤이나 되지. 시계의 정확성을 유지하기 위해 아직도 손으로 태엽을 감아서 작동시키고 있어. 뿐만 아니라 자손 대대로 내려오는 시계지기가 있다고 해. 빅벤은 큰 종이라는 뜻에서 '크다Big'와 시계탑의 공사 담당자였던 벤자민 홀의 앞 자를 딴 '벤Ben'이 합쳐서 '빅벤Big Ben'이 되었어.

템스강 변에는 런던 시내를 한눈에 볼 수 있는 '런던 아이'가 있어. 1999년 새해 첫날에 만들어진 런던 아이는 거대한 바퀴형 전망대야. 높이 135미터에 32개의 유리로 만든 관람용 캡슐이 있고 캡슐 한 개에 25명이 탈 수 있다고 해. 그러니까 한번에 800명이나 되는 많은 사람이 탈 수 있는 거야. 꼭대기에서는 360도로 도시 전체를 돌아볼 수 있어서 관광객들의 사랑을 받고 있어.

버킹엄 궁전은 런던 웨스트민스터에 있는 왕궁으로 1703년 버킹엄 공작 셰필드가 지은 르네상스식 4층 건물이야. 1837년 빅토리아 여왕 이후 국왕과 여왕이 거주하는 궁전으로 사용되었어. 여왕이 버킹엄 궁전에 있을 때는 정면 중앙에 로열 스탠더드 깃발이 달려. 여왕이 없을 때는 영국의 깃발 잭 유니언이 걸리지.

버킹엄 궁전에는 방이 600개 있고 정원의 규모도 5만 평이나 된다니 엄청나지? 일반인도 궁 안을 볼 수 있어. 물론 일부 전시실뿐이지만 말이야. 왕족이 탄 마차와 자동차, 아름다운 그림들을 볼 수 있지. 버킹엄 궁전 앞에서는 오전 11시부터 궁전 경비병들이 멋진 복장에 말을 타고 교대식을 하는데, 런던의 명물 중 하나야.

런던의 또 다른 명물인 대영 박물관은 세계의 희귀한 보물이 모두 모여 있는 곳이야. 심지어 우리나라의 고려청자와 청화 백자도 있단다.

공원과 택시, 그리고 축구

런던 곳곳에는 잘 가꾸어진 공원이 많아. 런던 시내에 공원이 무려 1천7백 개나 있대. 놀랍지 않니?

런던에 있는 건물들 중에는 100년이 넘은 것들이 많아. 500년이 넘은 건물들도 수두룩하지. 그리고 주택을 보면 지붕이 삼각형이라는 것을 알 수 있어. 비가 자주 내리기 때문에 빗물이 흘러내리기 쉽도록 삼각형 지붕이 발달한 거야.

런던에는 두 가지 날씨가 있는데 '비가 오는 날'과 '비가 많이 오는 날'이라고 해. 그 정도로 우중충한 날씨가 흔한 곳이야. 날씨의 변화가 심해서 항상 우비나 우산을 준비하고 다녀야 해.

런던을 돌아다니다 보면 검은색 택시와 빨간색의 이층 버스를 쉽게 볼 수 있어. 물론 다양한 색깔의 택시가 있지만 검은색 택시가 제일 많아. 검은색 택시는 '블랙 캡'이라고 불리는데 운전석 옆에는 좌석이 없고 출입구와 천장이 높아. 그 까닭은 예전에 신사들이 쓰고 다녔던 높은 모자 때문이야. 모자를 벗을 필요가 없도록 만든 거지.

택시는 사람 수에 따라 요금이 늘어나고, 개를 함께 태우면 개도 요금을 내야 해. 요금을 지불할 때는 팁을 줘야 하는데 요금의 15퍼센트를 얹어 주는 것이 보통이야.

세계 최초로 지하철이 개통된 나라가 어딘지 알고 있니? 바로 영국이야. '튜브'라고 불리는 런던의 지하철이 100년도 훨씬 전에 개통되어 오늘날까지 잘 사용되고 있지. 그러나 유럽의 지하철은 만든 지 오래돼서 많이 낡고 지저분해. 여름에는 에어컨이 안 나와서 덥기도 하고.

영국은 전통을 가장 중요시하는 나라이며 세금이 많기로 유명한 나라야. 일반적인 상품에 붙는 부가 가치세가 17.5퍼센트로 우리나라의 10퍼센트보다 더 많아. 그리고 상점들은 오전 9시 무렵에 문을 열고 오후 5~6시 사이에 문을 닫지.

한편, 런던에는 박지성 선수가 활동해서 우리나라에도 잘 알려진 퀸

즈파크 레인저스QPR라는 잉글랜드의 프로 축구 클럽이 있어. 그 밖에도 영국에는 프로 축구팀이 무척 많아. 잉글랜드에만 84개가 있고 스코틀랜드, 웨일즈, 북아일랜드에도 프로 축구팀이 있어. 이 네 지역은 국내 대회를 각각 따로 하고 국제 대회에도 각각 따로 참가하고 있지.

축구는 영국에서 시작된 경기야. 옛날부터 세계 여러 나라에서는 축구와 비슷한 놀이가 전해져 내려왔어. 하지만 오늘날의 현대 축구는 영국에서 시작되었다고 하지. 1863년 런던에서 영국의 '축구 협회'를 만들었고 여기서 축구 경기의 규칙을 발표했기 때문이야. 그전에는 통일된 경기 규칙 없이 경기를 했었거든. 이렇게 영국에서 시작된 정식 축구는 19세기에 영국이 식민지 개척을 하면서 전 세계로 뻗어 나가게 되었지.

이탈리아의 로마

로마가 나라 이름이었다고?

　세계 지도에서 유럽 대륙의 지중해 쪽을 보면 긴 장화 모양을 한 나라가 있어. 바로 반도 국가 이탈리아야. 이탈리아는 본토인 이탈리아반도와 시칠리아섬, 사르데냐섬으로 이루어져 있지.
　이탈리아의 수도는 로마야. 처음에는 로마가 나라 이름이었어. 기원전 753년 나라를 세운 로물루스의 이름을 따서 나라 이름을 로마라고 지었지.
　그 후 로마는 기원전 272년에 이탈리아반도를 통일하고, 카르타고와 3차에 걸친 포에니 전쟁에서 한니발을 물리치면서 힘이 더 막강해졌어. 카르타고와 그리스를 다스렸던 마케도니아를 물리치고 동쪽의 시리아를 정복해서 지중해의 새로운 주인이 되었지.
　로마 제국은 한때 유럽 대륙 대부분을 정복했을 정도로 강했어. 로마는 정복한 곳마다 군사들을 빨리 이동시킬 수 있도록 튼튼한 도로를 건

설했지. 로마를 기점으로 이탈리아의 모든 교통이 발달되어 있어서 '모든 길은 로마로 통한다.'라는 말이 나올 정도였어.

하지만 로마는 395년에 동로마와 서로마로 분리되었어. 서로마 제국은 로마를 수도로, 동로마 제국은 비잔티움을 수도로 삼았지. 서로마 제국은 476년에 멸망했고, 동로마 제국은 1453년에 멸망했어.

그리고 14세기 이후 이탈리아를 중심으로 인간 중심의 문화의 꽃을 피우려는 문예 부흥 운동인 르네상스 시대가 열렸어. 르네상스 운동은 전 유럽으로 퍼져서 근대화를 앞당기고 학문과 과학이 발달하는 계기가 되었지.

이탈리아가 통일된 것은 1861년이야. 비토리오 에마누엘레 2세가 다스리는 이탈리아 왕국이 세워진 거지. 동로마와 서로마로 갈라진 지 1천4백 년 만의 일이야. 당시 수도를 토리노에서 피렌체로 옮겼다가 1871년에 로마로 정했어. 이탈리아는 1922년에 무솔리니가 독재 정권을 세워 독일, 일본과 동맹을 맺고 2차 세계 대전을 일으켰다가 패하기도 했지.

이탈리아 국기는 왼쪽부터 초록, 하양, 빨강의 삼색기야. 프랑스 국기를 본떠 만들었어. 이 3가지 색은 프랑스 국기처럼, 자유, 평등, 박애를 뜻하기도 해. 또, 초록은 아름다운 국토, 하양은 알프스의 눈과 평화, 빨강은 뜨거운 애국정신을 표현하기도 하지.

사랑의 도시 로마

로마Roma를 거꾸로 하면 아모르Amor가 되는데, 라틴어로 '사랑'이라는 뜻이야. 그래서 로마는 한 번 방문한 사람을 다시 잡아끄는 묘한 마력이 넘치는 동경과 유혹의 도시라고 하지.

로마는 고대 그리스를 정복하고 유럽 대륙을 넘어 아프리카와 서아시아, 영국까지 점령한 로마 제국의 화려한 역사를 자랑하는 수많은 유적을 간직하고 있어. 그래서 로마는 문화유산에 대한 애착이 강해. 작은 간판 하나라도 쉽게 고칠 수도 새로 만들 수도 없도록 엄격하게 감시하고 있지.

특히 로마에서 건물을 철거하는 일은 매우 드물어. 그래서 도시 전체가 마치 박물관처럼 느껴진단다. '로마는 하루아침에 이루어진 것이 아니다.'라는 격언처럼 역사적인 유산과 전통이 살아 숨 쉬는 도시는 쉽게 만들어진 게 아닌 것 같아.

로마의 대표적인 건축물은 로마 전성기 때 만들어진 원형 경기장 콜로세움이야. 콜로세움은 72년에 착공했는데, 4만 명의 노예가 투입되어 8년 만에 완성되었다고 해. 48미터의 높이에 4층 규모인 콜로세움은 고대 로마 유적지 중 가장 규모가 커. 각 층마다 88개의 아치형 문이 있어서 5만 명의 관중이 한꺼번에 드나들 수 있다고 해.

이곳에서는 검투사들의 경기나 검투사와 맹수들의 싸움을 보여 주며 오락거리를 제공하기도 했어. 다른 한편으로는 시민들에게 공포심을 주기 위해 만들었다고 해. 하지만 로마 시대가 끝난 뒤에 기독교인들은 이 건물을 싫어했어. 그래서 교회를 지을 때 콜로세움의 자재를 다 뜯어가 버려서 지금은 건물의 3분의 1 정도만 남아있지.

로마를 배경으로 펼쳐지는 영화 〈로마의 휴일〉에 나오는 '진실의 입'도 유명해. 진실의 입은 그리스 시대의 맨홀 뚜껑으로 강의 신 홀르비오의 얼굴을 조각해 놓았다고 하지. 진실의 입에 거짓말쟁이가 손을 넣으면 빠지지 않거나 손이 잘린다고 하는 전설 때문에 사람들이 손을 넣어 보곤 해. 그래서 지금은 손때가 묻어 반질반질 윤기가 흐르고 있지.

로마에서 동전을 던져 사랑을 이루는 트레비 분수도 빼놓을 수 없어. 트레비 분수는 교황 클레멘스 13세 때 분수 설계 공모전에 당선된 작품으로, 1762년에 만들어졌지. 하얀 대리석으로 만들어진 바다의 신 포세이돈이 말 두 마리를 타고 달려가는 모습이 인상적인 트레비 분수는 바로크 미술의 걸작이라고 할 수 있어.

트레비 분수가 사람들의 사랑을 받는 이유는 따로 있어. 트레비 분수

를 뒤로 하고 오른쪽 팔로 왼쪽 어깨 뒤에 동전을 한 번 던져 성공하면 다시 로마로 돌아올 수 있고, 두 번 던지면 사랑이 이루어진다는 전설을 갖고 있거든. 많은 사람들이 로마로 돌아오길 소원하며 동전을 던져. 그렇다면 그 많은 동전으로 뭘 하냐고? 분수의 동전은 정기적으로 수거해서 문화재 복원과 자선 사업에 쓰인다고 해.

로마에는 화려하고 큰 건축물만 있었던 것이 아니야. 로마의 베네치아 광장 한 모퉁이에는 무너지기 직전인 '인슐라'가 있어. 인슐라는 약 2천 년 전 로마 시대에 가난한 서민들이 살았던 인류 역사상 최초의 아파트라고 할 수 있지. 5층 정도의 높이에 1층에는 상가가 있고 2,3,4,5층에 살림집이 있었어. 로마 제국 시대 초기 로마의 인구는 거의 백만에 가깝게 늘어나서 인슐라에서 많은 사람들이 살아야 했지.

가난한 사람들이 사는 인슐라에는 개인 목욕탕이 없었어. 그래서 공중목욕탕이 많이 생겨났지. 4세기 무렵 로마에는 무려 400여 개의 공중목욕탕이 있었다고 하니 얼마나 많은 사람들이 살았는지 짐작할 수 있겠지?

도시 안의 도시 국가 바티칸 시국

이탈리아는 로마 가톨릭교의 중심지로 국민의 85퍼센트가 가톨릭 신자야. 그래서 결혼식, 장례식 등 이탈리아인의 생활과 습관에 큰 영향을 끼치고 있어.

로마 북서부의 바티칸 언덕에는 가톨릭의 성지인 바티칸 시국이 있어. 바티칸 시국에는 세계 가톨릭의 상징인 교황이 머물고 있지. 바티칸 시국이 공식 명칭이지만 주로 '교황청'이라고 부르곤 해.

바티칸 시국이 가톨릭의 성지가 된 것은 그 언덕에 예수 그리스도의 제자인 베드로가 묻혔기 때문이야. 그리고 그 위에 성 베드로 대성당이 세워졌지.

바티칸 시국은 1929년 이탈리아로부터 교황청 주변 지역에 대한 주권을 인정받고 라테란 조약을 체결하면서 이탈리아와는 별개인 하나의 국가가 되었어. 교황은 모든 국가 권력으로부터 자유로워야 한다는 생각 때문이었지. 세계에서 가장 작은 독립 국가인 바티칸 시국은 우리나라 창경궁만 한 크기야.

바티칸 시국의 주민은 교황청에 있는 성직자와 수도자, 그 가족들이 대부분이야. 총 인구는 천 명도 채 안 되는데, 거주민은 교황을 비롯해서 500명 정도이고 나머지 500명은 로마 근교에서 출퇴근을 해. 바티칸 시국에 군대는 없어. 다만 근위병들이 경비를 담당하고 있지.

바티칸은 세계 여러 나라에 대사인 대주교와 추기경을 파견하고 있어. 그래서 모든 추기경들은 사는 지역에 상관없이 무조건 바티칸 시민으로 등록되어 있지.

바티칸은 매일같이 세계 각국에서 찾아오는 수만 명의 가톨릭 신자들로 붐비고 있어. 기부금과 관광 수입만으로도 국가를 운영할 수 있을 정도야.

파스타와 피자 없이는 못 살아

 이탈리아인들의 주식은 파스타와 피자야. 파스타는 밀가루 반죽으로 만드는 이탈리아 국수 요리로, 로마 시대부터 시작되었어. 파스타는 파스타 요리에서 가장 중요한 '면'을 뜻하는 말로도 쓰이지. 파스타에는 스파게티, 부카티니 등의 긴 파스타와 리가토니, 파톨레 등의 짧은 파스타가 있는데 그 종류는 350여 가지가 넘는다고 해.

피자는 고대 이탈리아 중서부 에트루리아에서 밀반죽을 돌 위에 구워 기름 또는 식물로 간을 한 다음 수프나 고기를 그 위에 얹어서 먹은 것이 시초라고 해. 약 100년 전부터 모차렐라 치즈, 안초비, 마늘, 기름 등 사용하기 시작하면서 오늘날의 피자 형태가 만들어졌지. 피자가 세계적으로 널리 알려진 것은 19세기 후반, 이탈리아에서 미국으로 이민을 간 사람들이 피자를 만들어 팔기 시작하면서였어.

이탈리아에서는 식사 때에도 포도주를 마시는 모습을 자주 볼 수 있어. 포도주가 물에 든 석회질을 조금 녹여 주기 때문이라고 해. 로마를 비롯한 유럽은 물에 석회질이 많아서 물을 바로 마실 수 있는 나라가 많지 않거든. 로마 시대에 전쟁터에 나간 군인들이 석회질 물을 마실 수가 없으니 식수 대신 포도를 심어서 포도주를 만들어 먹는 와인 문화가 발달한 거야.

그런데 로마에서는 점심시간에 문을 닫는 가게가 많아. 이탈리아에는 '씨에스타'라고 하는 낮잠 자는 시간이 있기 때문이야. 대도시를 중심으로 점점 사라지는 추세긴 하지만 말이야.

오후 2~4시인 씨에스타 동안에는 거리가 텅 비어. 장사를 하던 사람도 가게 문을 닫고 낮잠을 자. 그 까닭은 지중해성 기후 때문이야. 낮에는 너무 더워서 활동하기가 힘들거든. 낮에 잠을 자두지 않으면 비타민과 칼슘이 부족해져서 체력이 떨어진다고 해. 그래서 이 시간대에 다른 사람의 집을 방문하는 것은 실례가 되는 행동이란다.

로마에서는 얼마 전부터 콜로세움 같은 유명 유적지에서 음식을 먹으

면 벌금을 내게 하는 법이 시행되고 있어. 관광객들이 음료수를 쏟거나, 유적지에 먹다 남은 음식물을 던지는 경우가 많기 때문이지. 유적지에서 음식을 먹다가 적발되면 우리나라 돈으로 최고 75만 원 정도의 벌금을 내야 해. 로마에 가면 로마법을 따라야 한다는 거, 잊으면 안 되겠지?

로마에는 정해진 안식처 없이 이곳저곳을 떠도는 집시가 많아. 집시들은 보통 사람들에게 춤과 노래를 보여 주며 구걸로 생계를 유지하지. 동정심 많은 이탈리아 사람들은 이를 그냥 지나치지 못하고 도와줘. 그래서 구걸하는 사람들의 한 달 수입이 회사원의 월급과 비슷하대. 집시 생활을 직업으로 삼는 사람들도 많겠지? 그런데 집시들 중에는 소매치기를 하는 사람들도 많아. 이런저런 문제들 때문에 이탈리아에서는 집시가 골칫거리란다.

프랑스의 파리

육각형 모양의 프랑스

프랑스 하면 가장 먼저 떠오르는 게 뭘까? 많은 친구들이 에펠탑을 떠올릴 거야.

에펠탑은 1889년에 귀스타브 에펠의 설계로 만들어졌어. 프랑스 혁명이 일어난 지 100년이 되는 해를 기념하는 만국 박람회의 상징으로 세워진 철탑이지. 300미터가 넘는 에펠탑은 파리 어디에서나 보인단다.

그런데 처음에는 에펠탑을 세우는 것을 반대하는 사람들이 많았어. 우아한 파리의 모습과 어울리지 않는 철골 덩어리라고 생각했기 때문이야. 특히, 유명한 소설가인 기 드 모파상은 에펠탑을 무척 싫어했지. 자신의 기념비를 에펠탑과 등을 돌리게 세웠을 정도였어.

하지만 에펠탑은 라디오 방송과 텔레비전 방송의 송신탑의 역할을 하며 오늘날까지 남아서 프랑스의 상징물이 되었어. 처음에는 높이가 300미터였지만 텔레비전 송신탑 공사로 인해 탑 높이가 18.4미터 더 높아졌지. 3개의 단 중에서 가장 높은 단에 서면 64킬로미터 이상 멀리까지 볼 수 있다고 해.

이러한 에펠탑을 가진 프랑스는 유럽에서 러시아, 우크라이나 다음으로 넓은 영토를 가지고 있어. 서유럽에서 가장 영토가 넓은 나라지. 국토의 모양은 육각형인데 삼면은 바다와 접해 있고 나머지는 다른 나라와 국경을 접하고 있어.

프랑스는 1세기 무렵부터 500여 년에 걸쳐 로마 제국의 지배를 받았어. 5세기 후반이 되어서야 프랑크 민족이 프랑크 왕국을 세웠지. 프랑스라는 이름도 프랑크 왕국에서 비롯된 거야. 14~15세기에는 영국과 백 년 전쟁을 치른 후 프랑스라는 국가로 통일을 이룩했어.

17세기의 프랑스는 왕의 권력이 무척 강한 나라였어. 1789년 루이 16세 때, 귀족들의 사치가 심해지고 왕실이 부패하자 프랑스 대혁명이 일어났고 인권 선언이 발표되었지.

프랑스 대혁명 때 루이 16세와 마리 앙투아네트 왕비가 단두대에서 처형당하면서 부패한 왕정은 막을 내렸어. 그리고 국민 의회를 구성하여 공화 정치를 실현시켰지.

프랑스의 국기는 파랑, 하양, 빨강의 삼색으로 구성되어 있어. 이 세 가지 색깔은 1789년 프랑스 대혁명 당시 국민군 총사령관이었던 라파예트가 시민들에게 나누어 준 모자의 색에서 유래했지. 세 가지 색깔은 자유, 평등, 박애를 상징해.

프랑스 대혁명 이후 1804년에 나폴레옹이 황제에 즉위하여 유럽을 정복하기 시작했어. 나폴레옹은 영토를 넓히기 위해 전쟁을 벌였는데, 당시 유럽 대부분을 정복했을 정도로 위세가 정말 대단했어. 하지만 그것이 오래가지는 않았어. 1814년, 영국 연합군에게 패한 나폴레옹은 황제의 자리에서 물러나고 말았거든.

나폴레옹이 물러난 뒤 1875년이 되어서야 대통령 중심제인 공화 정부가 수립되었고, 1958년에는 드골 대통령이 지금의 5공화국 정부를 세웠어. 그는 프랑스의 해외 식민지들 대부분을 독립시켜 주었어. 1950년대부터는 프랑스를 중심으로 한 서유럽 국가들이 경제 공동체를 만들었고 그것이 오늘날의 유럽 연합EU으로 발전했지.

프랑스의 국적법은 우리나라처럼 혈통주의가 기본이지만 출생주의도 허용해. 그래서 부모의 국적에 상관없이 프랑스 국토 내에서 태어난 아이는 일정한 조건이 되면 프랑스 국민이 될 수 있단다.

파리의 기원 센강

파리에는 센강이 흐르고 있어. 센강에 있는 시테섬이 파리의 발상지야. 2천여 년 전 시테섬에서 시작된 파리는 오늘날 센강의 양쪽 기슭 훨씬 너머까지 확대되었고 프랑스의 수도로 경제, 정치, 문화의 중심지가 되었지.

놀라운 사실 하나 알려 줄까? 서유럽의 중심이라고 불리는 파리의 면적은 서울의 6분의 1밖에 되지 않아. 파리 외곽의 경계선은 노트르담 대성당으로부터 9.6킬로미터를 넘지 않는다고 하지. 인구는 250만 명 정도야.

지금의 파리 모습은 1853년에서 1870년 사이에 나폴레옹 3세가 계획해서 만든 거야. 약 150년 전에 시작된 도시 계획의 결과물이라고 할 수 있지. 요즘도 파리에는 서울과 같은 고층 건물이나 큰 규모의 아파트 단지가 없어. 대신 도시 곳곳에 작은 공원과 광장이 많아.

파리를 구성하는 20개의 구는 각각 고유의 특색이 있어. 이 구들은 제1, 2, 3 등의 번호로 부르는데, 번호 매김은 파리의 심장부에서 시작되어서 달팽이 껍질의 소용돌이 모양으로 계속 이어져서 가장 동쪽에서 끝나.

파리를 구성하는 20개의 구에는 각각의 번호가 붙어 있다.

파리에 있는 13개의 대학 이름에도 파리 1대학, 파리 2대학처럼 숫자가 붙어 있어. 숫자가 커질수록 파리 중심부에서 멀어진다고 보면 돼. 재미있지?

파리 주위는 너도밤나무와 참나무로 이루어진 거대한 삼림으로 둘러싸여 있어. 이 삼림은 공업화된 지역의 공기를 정화시키는 데 도움이 되기 때문에 '파리의 허파'라고 부르지.

문화와 예술의 중심지

프랑스는 문화와 예술에 대한 자부심이 강해. 특히 파리는 예술과 패션의 중심지로 전 세계의 예술가와 디자이너들이 모여들고 있지. 파리는 고대, 중세, 근대, 현대의 문화와 미래의 문화가 함께 숨 쉬는 곳이야.

파리 중심을 흐르는 센강 주변에는 루브르 박물관, 에펠탑, 콩코드 광장을 비롯해서 프랑스의 역사와 문화를 엿볼 수 있는 건축물과 관광 명소가 많지.

센강 가운데에 있는 시테섬에는 12세기에 지은 노트르담 대성당이 있어. 그 근처에는 시테섬의 끝을 가로지르는 퐁네프 다리가 있지. 퐁네프는 '새로운 다리'라는 뜻이지만 1578~1604년에 지어진 것으로 이름과는 달리 파리의 다리들 가운데 가장 오래되었어. 오늘날 퐁네프 다리는 파리의 주요 도로이자 상설 시장이 되었지.

루브르 박물관은 프랑스 최고의 박물관이야. 파리를 지키기 위해 만들어진 요새가 궁전으로 쓰이다가 박물관이 되어서 영국 대영 박물관, 러시아의 에르미타슈 미술관과 함께 세계 3대 박물관으로 손꼽히고 있지. 225개의 전시실에 그리스, 이집트, 유럽의 보물, 왕실 보물, 조각, 회화 등 40만 점 이상의 유물이 전시되어 있어서 하루 만에 다 볼 수 없을 정도야.

개선문은 나폴레옹이 전쟁에서 승리한 것을 기념하기 위해 만든 것으로 로마 티투스 황제의 개선문을 그대로 본떠서 만들었어. 높이는 약 50미터이고 너비는 약 45미터야. 개선문 주위에는 10개의 조각이 있는데 이 조각들은 나폴레옹의 업적을 기리는 내용을 담고 있지.

로마 시대에는 개선문 아래로 행진할 수 있는 자는 영웅뿐이었다고 해. 새로운 땅을 정복한 황제와 그 부하들이 개선문 아래로 행진하는 것은 무척 영광스러운 일이었대. 1945년에는 프랑스를 4년간의 독일 지배에서 벗어나게 했던 샤를 드골 장군이 이 개선문 아래로 당당히 행진했어.

베르사유 궁전은 루이 13세가 지은 사냥용 별장이었어. 하지만 루이 14세가 1668년에 궁전으로 고쳤지. 길이가 680미터에 이르는 대궁전이야.

이러한 유적지를 관광할 때 파리에서는 자전거를 많이 이용해. 파리는 세계 어느 도시보다 자전거 도로가 잘 되어 있거든. 이때 '벨리브'를 이용하면 되는데 벨리브는 파리에서 운영하는 공공 무인 자전거 대여 시스템이야. 파리 전역에 30미터 간격으로 총 2만 7천여 대의 자전거가 설치되어 있어 빌리거나 되돌려주기가 쉽지.

지구상의 모든 것을 요리해

 프랑스에 대해 이야기할 때 문화, 예술과 함께 높이 평가되는 것이 바로 요리야. 프랑스 요리는 오늘날 세계에서 가장 세련되고 우아한 요리로 인정받고 있지. 지구상에 존재하는 거의 모든 것들을 재료로 사용해서 요리를 한다고 해.

 그런데 16세기 이전, 프랑스에서는 음식을 칼로 자른 뒤에 손으로 먹었다고 해. 이상하지? 이런 프랑스에 새로운 식문화를 전파한 건 이탈리아였어.

 1533년 프랑스의 앙리 2세는 이탈리아 피렌체 가문 출신인 카트린느를 왕비로 맞이했어. 그때 이탈리아에서 프랑스로 가져간 식탁 도구와 포크가 프랑스에 소개되었지. 카트린느는 왕실 사람들에게 포크와 냅킨을 사용하게 했어. 뿐만 아니라 식사에 여성을 동반하도록 하고 식사를 하면서 대화를 나누는 사교 문화를 만들어서 여성의 지위를 높이는 데 공헌했지. 그런데 대화를 하면서 식사를 하려면 음식을 먹는 속도가 느려야겠지? 그래서 한꺼번에 상을 차리는 게 아니라 메뉴를 하나씩 차례대로 내오는 프랑스식 코스 요리가 탄생하게 된 거야.

 왕실과는 달리 시민들이 포크를 사용하기까지는 200여 년이라는 긴 시간이 걸렸어. 프랑스 시민들은 신이 내려준 몸이 아닌 다른 도구를 사용하는 것을 신에 대한 모독이라 생각했거든. 하지만 사치스러운 옷에 얼룩을 묻히지 않으려고 차츰차츰 포크를 사용하게 되었지.

프랑스를 대표하는 음식에는 몇 가지가 있어. 그중 우리에게 가장 익숙한 것은 바로 바게트야. 표면이 바삭바삭하고 안은 부드러운 빵인 바게트는 프랑스말로 '지팡이'라는 뜻이야. 바게트의 유래에는 여러 가지가 있는데 프랑스 혁명 때 '빵의 길이는 80센티미터, 무게는 300그램으로 하라.'는 법률로 인해 바게트가 만들어졌다고 해. 혁명 전에는 귀족들은 흰 빵, 평민들은 검은 빵만 먹을 수 있었기 때문에 바게트를 '평등 빵'이라고도 부르지.

에스카르고, 푸아그라, 라따뚜이도 프랑스의 대표적인 음식이야. 에스카르고는 프랑스어로 달팽이 또는 나사 모양을 뜻해. 달팽이를 데친 것에 마늘과 파슬리, 버터를 잔뜩 넣어 구운 음식이지. 푸아그라는 프랑

스 고급 요리의 대명사로 세계 3대 식재료 중 하나로 알려져 있어. 푸아그라는 프랑스어로 '살찐 간'이라는 뜻이야. 살찐 간을 얻기 위해 거위를 움직이지 못하게 고정시킨 채 약 한 달간 300그램의 사료를 하루에 3번씩 강제로 먹여서 키운다고 하지. 화려한 맛의 이면에는 동물 학대와 관련된 논란이 있어.

라따뚜이는 프랑스의 프로방스 지방에서 즐겨 먹는 전통적인 채소 요리야. 가지, 토마토, 피망, 양파, 호박, 마늘 등의 여러 가지 채소와 허브를 넣어 만드는데, 모든 재료를 올리브유에 볶아서 만들지. 보통, 주요리에 곁들인 반찬처럼 먹거나 간단한 점심 식사로 먹어.

파리에 사는 파리지앵

'파리지앵'이란 '파리 사람'이라는 뜻이야. 파리에 사는 사람들을 보통 이렇게 불러. 그런데 파리지앵이 되려면 파리에 대해 반드시 알아야 할 것들이 있어.

파리에서는 건물 꼭대기에 풍향계가 있는 것을 종종 볼 수 있어. 풍향계에는 프랑스의 상징인 수탉 장식물이 달려 있지. 수탉이 프랑스의 상징이 된 것은 기원전 52년 무렵 율리우스 카이사르의 승리로 로마인이 골지방에 정착하게 되면서부터야. 라틴어로 골은 '닭'이라는 의미도 있거든. 그 후, 수탉을 용맹과 남성다움의 상징으로 여기면서 프랑스인들의 기질과 동일시하였어. 그래서 조각이나 동전에 수탉을 새겨 넣기 시작했고 프랑스 축구 대표팀도 수탉 문장이 그려진 유니폼을 입게 되었단다.

파리 사람들은 휴가철이 되면 시골이나 교외에서 긴 여름휴가를 즐기기 위해 모두들 파리를 떠나. 그래서 파리가 텅 빈 듯 느껴진대. 프랑스의 여름휴가는 바캉스라고 해. 바캉스는 라틴어로 '무언가로부터 자유로워진다.'는 의미야. 프랑스가 법으로 정한 휴가는 1년에 5주 정도 되는데 프랑스인들은 여름 바캉스로 약 4주 정도를 쓰곤 하지.

예부터 파리는 교육과 지식의 중심지였어. 19세기 말에 초등 교육이 무상으로 이루어지면서 국민 대다수가 문맹을 벗어날 수 있었고 문화 수준도 향상되었지. 2차 세계 대전 이후에는 16세까지의 중등 교육을 무상으로 실시하고 있어.

그런데 프랑스의 초등학교는 토요일과 일요일은 물론이고 수요일에도 학교에 가지 않아. 게다가 숙제를 내는 것은 법으로 금지하고 있지. 어린이들의 천국이겠지?

그리고 프랑스 국민들은 자신들의 언어인 프랑스어에 대한 자부심이 무척 강해. 그래서 상점 간판에도 외래어를 표기하지 않는 경우가 많단다. 우리나라와 무척 다르지?

③ 아메리카

아메리카는 태평양의 동쪽, 대서양의 서쪽에 위치하고 있어. 위쪽은 북아메리카, 아래쪽은 남아메리카로 구분하지.

북아메리카에 있는 미국은 세워진 지 200년이 조금 넘었지만 다양한 민족과 인종이 모여 살고 있어서 다양한 문화가 어우러진 나라야. 그런데 미국의 수도 워싱턴 D.C.는 수도이긴 하지만 그 나라의 최고 중심 도시는 아니야. 왜 그럴까?

미국 아래에 있는 멕시코는 오래전부터 마야 문명과 아즈텍 문명의 중심지로 수준 높은 고대 문명을 만들었어. 평균 해발 약 1천7백 미터인 나라답게 멕시코의 수도인 멕시코시티는 2,240미터 높이에 있어. 그 높은 곳에 있는 도시의 사람들은 어떻게 살아가고 있을까? 남아메리카는 오랫동안 유럽의 식민지였어. 그래서 원주민 문화와 유럽 식민지 문화, 아프리카에서 온 노예들의 문화가 뒤섞여 있지.

남아메리카의 대표적인 나라는 브라질, 아르헨티나, 칠레야. 브라질의 수도 브라질리아는 1955년부터 만들어진 비행기 모양의 인공 도시라고 해. 탱고의 나라 아르헨티나의 수도 부에노스아이레스는 남미의 파리라고 불려. 또, 남북의 길이가 4천3백 킬로미터나 되는 칠레의 수도 산티아고는 남미의 심장이라고 불리지.

이제 아메리카 대륙에 있는 멕시코시티, 워싱턴 D.C., 브라질리아, 부에노스아이레스, 산티아고를 구경해 볼까?

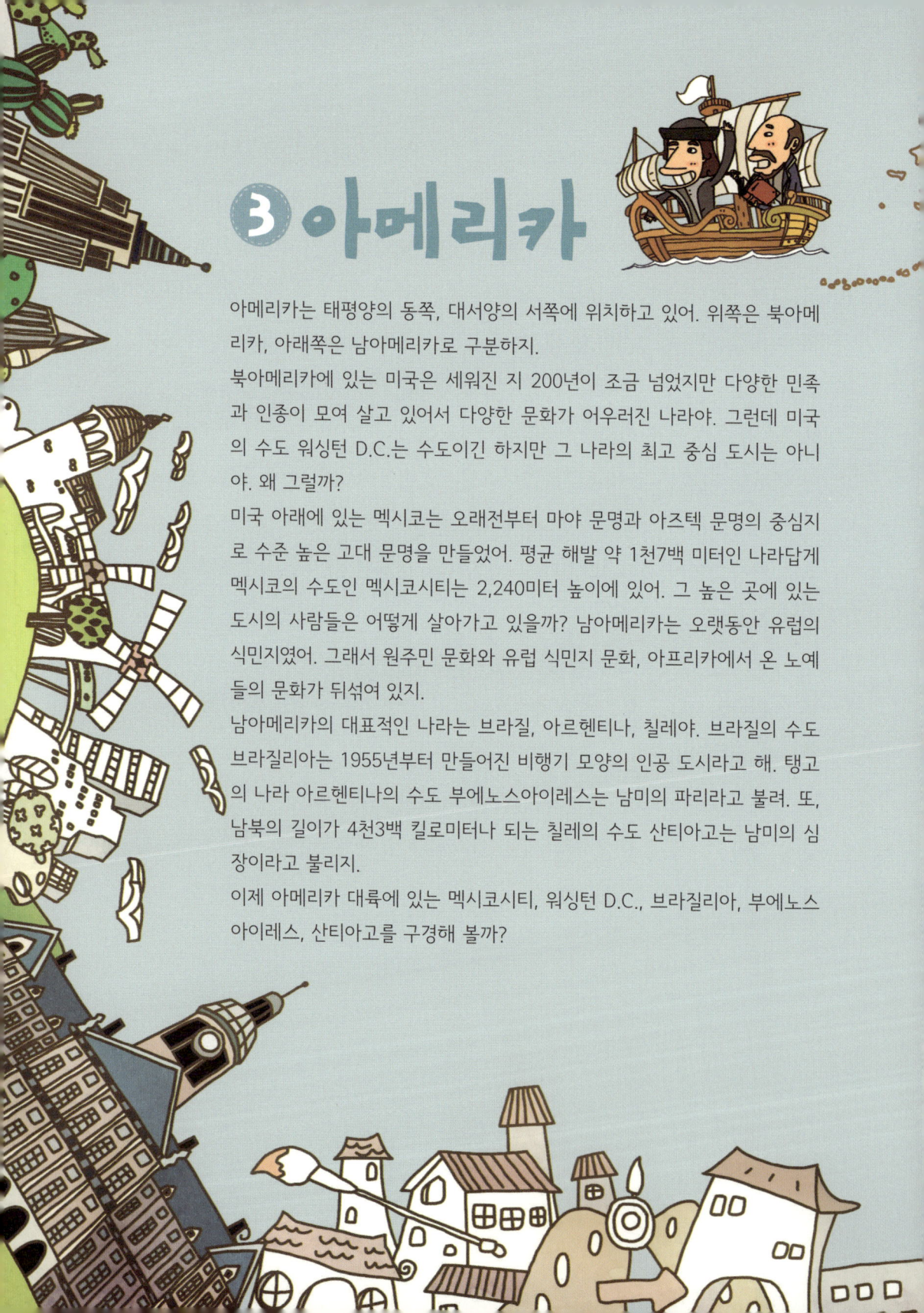

멕시코의 멕시코시티

화려한 문명을 꽃피운 멕시코

 멕시코는 북아메리카 대륙 남부에 있는 나라야. 국토의 3분의 1이 평균 해발 약 1천7백 미터나 되는 멕시코 고원에 있어. 설악산의 높이가 1,708미터니까 얼마나 높은 곳에 있는지 감이 오지?

 높은 곳에 위치해 있지만 멕시코는 기원전 1200년 무렵부터 올메카 문화, 테오티우아칸 문명, 마야 문명, 톨텍 왕국, 아즈텍 제국 등이 흥망성쇠를 거듭했어. 특히 마야 문명과 아즈텍 문화의 중심지로 화려한 문명을 꽃피웠지.

 멕시코라는 이름은 아즈텍 제국 때 전쟁의 신으로 섬겼던 멕시틀리라는 신의 이름에서 비롯되었어. 멕시코는 '멕시틀리 신 앞에서'라는 의미를 담고 있어.

 수준 높은 고대 문명을 이룩했지만 1521년 스페인의 침입을 받아 식민지가 되면서 고유한 문화가 많이 사라졌어. 참고로 스페인은 영어식

표기이고 에스파냐는 스페인어식 표기야.

　1810년에 멕시코 독립의 영웅 미겔 이달고 신부가 독립 운동을 시작한 후 1821년이 되어서야 완전한 독립을 할 수 있었지. 그래서 멕시코 어디에서나 이달고 신부의 동상을 찾아볼 수 있단다. 멕시코의 독립 기념일은 독립이 완성된 날이 아니라 최초로 독립 운동의 종을 친 9월 16일이야.

　300여 년 동안 스페인 식민지로 있으면서 원주민과 스페인의 혼혈 인종인 메스티소가 멕시코 인구의 약 60퍼센트를 차지하게 되었어. 가장 많이 쓰는 언어도 스페인어야.

또 종교에 있어서도 가톨릭이 전체의 93퍼센트를 차지하고 있어. 그래서 멕시코에서는 부활절과 크리스마스가 최대의 명절이야. 심지어 멕시코의 교통경찰은 교통 법규를 어긴 운전자에게 벌금을 받을 때에도 천주교인이 하는 머리와 양어깨에 성부와 성자 그리고 성신(성령)의 성호를 긋고 돈에 키스를 한다고 해.

멕시코의 국기는 1810년 스페인과 독립 전쟁을 할 당시 처음 사용되었어. 왼쪽부터 초록, 하양, 빨강의 3색기로 중앙에 문장이 들어 있어. 3색은 여러 가지를 상징하는데 초록은 독립과 희망과 천연자원 등을, 하양은 종교의 순수성과 통일과 정직 등을, 빨강은 원주민, 백인, 메스티소의 통합과 국가 독립을 위해 바친 희생 등을 나타내지. 문장을 살펴보면 '독수리가 뱀을 물고 앉아 있는 호숫가의 선인장이 있는 곳에 도읍을 세워라.'라는 아즈텍 건국 전설이 그려져 있어.

태양의 유적지 멕시코시티

멕시코 고원에 있는 멕시코시티는 멕시코의 수도이자 멕시코에서 가장 큰 도시야. 2,240미터 높이에 있는데, 한라산보다 300미터나 높은 곳에 있다고 생각하면 돼. 높은 곳에 있으니까 한낮에 내리쬐는 태양의 열기가 무척 따갑겠지? 하지만 월평균 기온 차이가 크지 않아서 비교적 살기 좋은 곳이야.

멕시코시티에는 2천만 명이 살고 있어. 세계에서 두 번째로 인구 밀도가 높은 도시지. 그래서 늘 사람들로 북적이고 교통 체증도 심한 편이야. 그리고 멕시코의 도시들이 대부분 그렇듯, 고산 지대에 위치해 있는 멕시코시티 역시 산소가 희박해.

멕시코시티는 호수 위에 세운 도시야. 스페인의 정복자들은 호수를 흙으로 메우고 새로운 도시를 만들었지. 멕시코시티 중심에는 소칼로 광장이 있어. 소칼로 광장의 정식 명칭은 헌법 광장이야. 소칼로 광장은 1520년 멕시코시티를 점령한 코르테스에 의해 고대 마야 문명과 아즈텍 문명 위에 세워졌지. 소칼로라는 이름은 1843년 산타아나 대통령이 독립 기념탑의 '기반석소칼로'을 놓으면서 붙여진 이름이라고 해.

원래 이곳에는 피라미드가 있었는데 스페인 사람들이 피라미드를 부수고 그 피라미드 돌을 이용해서 건물을 짓고 광장을 포장했다고 해. 사방이 240미터 넓이로, 모스크바 광장에 이어서 세계에서 두 번째로 큰 광장이란다.

소칼로 광장 주변에는 대통령궁, 멕시코시티 메트로폴리탄 대성당, 궁전, 시청 등이 있어. 하지만 대통령궁은 상징적인 건물일 뿐 대통령은 다른 곳에서 근무하고 있지.

멕시코시티를 상징하는 앙헬은 1910년 멕시코 독립 전쟁이 일어난 지 100주년을 기념하기 위해 세워진 독립 기념탑이야. 앙헬은 천사라는 뜻이지. 앙헬의 네 모퉁이에는 법, 성의, 전쟁, 평화를 상징하는 여인상이 있고 36미터 높이의 탑 꼭대기에는 황금색으로 빛나는 독립의 천사상이 있어. 그 천사상은 그리스 신화에 나오는 승리의 여신 니케를 형상화한 것이야. 천사의 왼손에는 독립의 의미를 나타내는 끊어진 쇠사슬이 있고 오른손에는 승리의 월계관이 있어.

멕시코시티의 또 다른 명소인 과달루페 성당은 멕시코의 수호신인 과달루페 성모를 기리기 위해 1533년에 세운 건물이야. 1531년 12월, 후안 디에고라는 원주민 앞에 검은 머리에 갈색 피부를 가진 원주민 모습의 성모 마리아가 두 번 나타났다고 해. 그 일을 계기로 이곳에 성당이 세워지게 되었지. 과달루페 성당의 내부는 둥근 원형으로 설계돼 있어. 성당

으로 들어가는 길목에는 꽃을 파는 사람들이 많은데, 성당을 찾은 사람들이 성모 마리아에게 꽃을 바치거나 뿌리기 때문이야.

왜 하필 꽃이냐고? 성모 마리아가 후안 디에고 앞에 나타날 때 12월에 장미를 주었기 때문이래. 신앙심이 두터운 사람들은 문에서 계단까지 무릎걸음으로 나아가기도 해. 하지만 백인들은 과달루페 성모가 백인이 아니라는 이유로 좋아하지 않는다고 하지.

다른 어떤 것보다 멕시코시티의 큰 자랑거리는 국립 인류학 박물관이야. 1964년 지어진 국립 인류학 박물관은 마야 문명과 아즈텍 문명의 흔적을 엿볼 수 있는 유물들로 가득해서 세계적으로도 인정을 받고 있지. 멕시코는 자신들이 가진 고대 문명과 스페인과 원주민의 문화가 어우러진 멕시코 문화를 알리기 위해 이 박물관을 만들었다고 해.

박물관 1층은 고고학 유물들이 가득 있고, 2층은 멕시코 원주민들의 생활상을 엿볼 수 있는 민속 박물관으로 꾸며져 있어. 그 유물 중에는 '태양의 돌'이라는 게 있어. 소칼로 광장 지하에서 발견한 돌인데, 직경 3.6미터의 크기에 무게는 24톤이나 되는 어마어마하게 크고 무거운 돌이야. 태양의 돌에는 알 수 없는 상징과 기호들이 빼곡히 새겨져 있어. 가운데 작은 원은 사람의 모습을 하고 있는데 이것은 태양을 상징한다고 해. 재미있는 것은 혀를 날름 내밀고 있다는 거야. 이 태양의 돌은 멕시코 동전에도 새겨져 있어.

멕시코시티 북동쪽에는 테오티우아칸이라는 도시가 있어. 아메리카 대륙의 원주민 도시 중에서 가장 보존이 잘되어 있는 곳이야. 1세기에서

3세기에 걸쳐 건설된 고대 도시인데, 전성기에는 20만 명에 이르는 인구가 살았다고 전해지고 있어.

테오티우아칸의 가장 큰 볼거리는 아즈텍 시대에 만들어진 피라미드야. 보통 피라미드 하면 이집트를 떠올리지? 하지만 테오티우아칸의 피라미드는 웅장함이나 아름다움에 있어서 이집트의 피라미드에 전혀 뒤떨어지지 않아.

특히 태양의 피라미드는 세계에서 세 번째로 큰 피라미드야. 밑변의 길이가 225미터이고 높이는 70미터에 이르며, 꼭대기까지 248개의 계단으로 이루어져 있어. 피라미드 내부는 수많은 방과 미로 같은 터널들이 복잡하게 연결되어 있지. 햇빛에 말린 1억 개의 벽돌은 누가 만들었는지, 흙으로 어떻게 이런 피라미드를 만들었는지는 아직도 풀리지 않은 수수께끼야. 전문가들은 이 피라미드를 만들기 위해 최소 50년은 걸렸을 거라고 추측한단다.

그런데 이곳의 피라미드는 이집트의 피라미드와 어떻게 다른 걸까? 이집트의 피라미드는 무덤으로 만들었지만 이곳의 피라미드는 신전으로 쌓은 것이 다른 점이야.

선인장의 나라

멕시코에는 특이한 식물들이 많아. 콩, 옥수수, 아보카도, 토마토, 땅콩, 칠리 고추, 바닐라, 초콜릿 등 우리가 지금 먹는 음식들의 대부분은 멕시코에서 왔지. 특히 멕시코는 매운 맛을 내는 고추의 원산지야. 멕시코 고추는 매운맛을 내는 캡사이신이 우리나라 고추보다 3배나 더 많아. 얼마나 매운지 상상이 되니?

멕시코는 선인장으로도 유명해. 다른 어느 나라보다 다양한 종류의 선인장이 자라고 있지. 멕시코의 대표적인 술인 데킬라는 멕시코 사막에서 나는 선인장인 용설란의 뿌리를 쪄서 발효시킨 후 증류한 술이야. 용설란은 선인장보다는 알로에와 비슷하게 생겼어. 데킬라를 마시는 방법은 매우 독특한데, 먼저 레몬즙을 손등에 바르고 소금을 뿌린 뒤 혀로 핥고 데킬라를 마신다고 해.

타코는 멕시코 전통 음식으로 멕시코 사람들이 매우 즐겨 먹어. 밀가루나 옥수수 가루로 만든 동그랗고 얇은 토르티야에 다져서 요리한 쇠고기, 돼지고기, 닭고기, 소시지, 토마토 등을 넣어 만든 샌드위치 같은 음식이지.

사실 멕시코시티에서 타코는 이른 아침이나 저녁 이후의 식사야. 멕시코시티의 사람들은 아침과 저녁은 비교적 간단하게 먹지만 점심은 2시간에 걸쳐 푸짐하게 먹기 때문이지.

멕시코시티에서는 남자가 가르마를 타지 않고 머리카락을 전부 뒤쪽으로 빗어 넘기고 구두를 깨끗하게 손질해야 신사라고 해. 그래서 거리 곳곳마다 구두 닦는 곳이 많아.

구두 이야기가 나왔으니 멕시코의 독특한 구두도 소개할게. 멕시코

북부 마데우알라 지역에서는 남성들이 뾰족한 구두를 신고 춤을 추는 독특한 풍습이 있어. 구두의 앞코가 남자의 허리춤까지 올라오는 신발도 있지. 그런데 처음부터 구두코가 길었던 것은 아니야. 수백 년 전부터 진행된 댄스 경연 대회에서 남자들이 더 높은 점수를 받기 위해 경쟁적으로 구두코를 높이면서 점점 길어지게 된 거야. 춤을 잘 못 추면 상대방을 다치게 할 수도 있겠지?

지금 멕시코의 가장 큰 문제는 치안이 좋지 않다는 거야. 택시를 타면 운전석 주위가 방탄유리로 둘러싸여 있는 것을 볼 수 있어. 택시 강도가 기승을 부리기 때문이겠지? 이렇게 치안이 좋지 않은 까닭은 아마도 빈부 격차가 심하기 때문일 거야. 그런데 세계에서 가장 돈이 많은 사람이 누구인지 아니? 바로 멕시코 통신 회사 텔멕스의 회장인 카를로스 슬림이야. 빌 게이츠를 제치고 세계 1위의 갑부로 등극했지.

미국의 워싱턴 D.C.

콜럼버스가 발견한 새로운 대륙

오늘날 세계에서 가장 큰 영향력을 행사하는 나라는 어디일까? 바로 미국이야.

미국은 1492년 콜럼버스가 발견한 신대륙에 있는 나라야. 미국을 '아메리카'라고 하는데 아메리카라는 이름은 16세기 초의 이탈리아 피렌체 출신 탐험가 아메리고 베스푸치의 이름에서 유래했어.

그런데 왜 콜럼버스가 아니고 아메리카가 되었을까? 그것은 콜럼버스가 처음 신대륙을 발견했지만 아메리고 베스푸치는 자신이 신대륙을 발견한 사람이라고 문서로 기록했기 때문이야. 지도 제작자인 발트제 뮐러가 1507년에 펴낸 책에 미국을 아메리카라고 이름 붙인 뒤에 바꿀 수 없게 되었지. 콜럼버스가 좀 억울하겠지?

1607년, 영국은 미국에 버지니아 식민지를 건설했어. 그리고 1620년에는 영국의 종교 박해를 피해 네덜란드에 있던 청교도들이 신앙의 자유

를 찾아 메이플라워호를 타고 지금의 매사추세츠주에 상륙하여 살기 시작했지. 그 후, 1733년에 영국은 미국의 대서양 연안에 13개의 식민지를 만들고 프랑스와 원주민과의 싸움에서 승리했어.

하지만 1775년 독립 전쟁이 일어났고 미국은 프랑스의 도움을 받아 독립을 선언했어. 그 후, 1781년에 최초의 헌법이 만들어지면서 식민지였던 13개 주는 연방 국가가 되었지. 그러니까 미국은 이제 만들어진 지 200년이 조금 넘은 나라라고 할 수 있어.

미국은 1848년에 현재와 거의 비슷한 넓은 영토의 대륙 국가로 발전했어. 그러나 미국의 남부와 북부는 식민지 건설 때부터 종교와 경제 체제가 달랐어. 특히 남부는 영국의 전통을 지키는 사람들이 목화를 재배하며 살았지. 목화를 재배하기 위해서는 흑인 노예의 노동력이 필요했어. 그래서 1861년에 노예 제도를 지키려는 남부와 노예 제도를 폐지하려는 링컨을 비롯한 북부와의 대결인 남북 전쟁이 일어났어. 결국 1865년에 전쟁은 북부의 승리로 끝났고 노예 제도는 폐지되었지.

이렇듯 미국은 유럽 강대국들의 식민지를 거쳐 오늘날 세계 최고의 강대국이 되었어. 지금은 본토의 48개 주에 알래스카와 하와이를 합친 50개 주로 이루어진 연방 공화국이며 세계에서 3번째로 영토가 넓은 나라로 다양한 인종과 민족이 어우러져 살고 있지.

미국의 국기는 성조기라고 불려. 미국 국기의 특징은 미합중국을 구성하는 주의 수만큼 별이 있어서 주가 늘어날 때마다 별의 수가 늘어났다는 점이지. 처음에는 독립 선언 당시의 13개 주를 기념하기 위해 7개의 붉은 줄과 6개의 흰 줄을 합해 13개의 줄과 13개의 별이 그려져 있었어. 그 후로 주가 계속 늘어났지. 하지만 주가 늘어나도 줄은 13개로 고정하고 별만 더하기로 결정했어. 성조기는 현재까지 26번이나 모습이 바뀌었고 최근 변경된 것은 1960년에 하와이가 주로 승격했을 때야. 지금 성조기에는 총 50개의 별이 새겨져 있지.

세계의 수도 워싱턴 D.C.

미국은 영국으로부터 독립한 후 1790년에 수도를 대서양과 가까운 서쪽 도시 필라델피아로 정했어. 하지만 미국은 여러 주가 합쳐진 연방 국가이기 때문에 펜실베이니아주에 속한 필라델피아가 수도가 되는 것은 옳지 않다는 의견이 나왔지. 결국 어느 주에도 속하지 않은 도시를 수도로 삼기로 했어.

그래서 1791년 필라델피아와 가까운 포토맥강 주변에 새로운 수도를 건설하기 시작했어. 그 도시의 이름은 워싱턴이라고 정했지. 미국의 초대 대통령 이름과 같아.

워싱턴은 프랑스인 피에르 샤를 랑팡의 설계로 건설된 계획도시야. 1800년에 백악관을 세우면서 정식 수도가 되었지. 워싱턴은 백악관과 워싱턴 몰을 중심으로 도시가 하나의 정원과도 같아. 백악관을 중심으로 방사선과 바둑판 모양의 도로를 만들어서 교통이 편리하도록 했지.

그러다가 워싱턴주가 만들어지면서 수도 워싱턴의 정식 명칭은 '워싱턴 컬럼비아 특별구'가 되었고 간단하게 '워싱턴 D.C.'로 표기하게 되었어.

워싱턴 D.C.는 백악관과 국회 의사당, 워싱턴 기념탑, 링컨 기념관, 한국 전쟁 기념관, 펜타곤, 스미소니언 박물관 지구 등이 있는, 미국의 입법, 행정, 사법부의 중심 도시야.

워싱턴에서 가장 오래된 건물은 대통령이 머무는 백악관인데 1800년 2대 대통령 J.애덤스 때 완성되었지. 백악관은 지금은 미국의 정부를 뜻하는 대명사로 쓰이지만, 처음부터 백악관화이트 하우스이라고 불리진 않았어. '화이트 하우스'는 글자 그대로 건물이 하얗기 때문에 붙여진 이름인데, 1800년에 처음 만들어졌을 때는 하얀 건물이 아니었거든. 1814년 영국과 미국이 전쟁을 벌일 때 건물이 불에 탔는데 불탄 흔적을 감추기 위해 건물을 흰색으로 칠했어. 그때부터 하얀색이 된 거야. 그리고 26대 대통령인 테오도르 루스벨트 때 화이트 하우스가 정식 명칭이 되었지.

대통령은 가족과 함께 백안관의 2층에서 살아. 백악관의 방 개수는 130개가 넘고 대통령 집무실은 타원형이어서 '오벌 룸'이라고 부르지. 백악관 주위에는 말을 타고 도는 경호원과 헬멧을 쓰고 자전거를 타는 경호원이 있어. 자세히 보면 백악관 지붕 위에는 저격수도 있단다.

국회 의사당은 미국 연방 정부의 입법부인 미국 의회가 있는 건물이야. 1800년에 지었는데, 돔이 우뚝 솟은 네오클래식 양식의 웅장한 건물이지. 이 건물도 흰색이기 때문에 어떤 사람들은 백악관으로 착각하기도 해.

국회 의사당 건물의 북쪽은 상원, 남쪽은 하원이 사용하며 가운데 돔 바로 밑은 원형의 홀로 되어 있어. 워싱턴에는 높은 건물이 없는데 그 까닭은 어떤 건물이든 국회 의사당 높이를 넘을 수 없게 되어 있기 때문이야.

참, 국회 의사당보다 높은 건축물이 딱 하나 있긴 해. 바로 워싱턴 기념탑이야. 워싱턴 어느 곳에서도 보이는 크고 높은 흰색의 뾰족한 탑이지. 워싱턴 기념탑은 미국 초대 대통령 조지 워싱턴을 기념하기 위해 1848년에 만든 오벨리스크형 탑으로, 높이가 169.29미터에 이르는 세계 최대의 석조 구조물이야. 오벨리스크란 네모진 거대한 돌기둥으로 위쪽으로 갈수록 가늘어지며 꼭대기는 피라미드 모양으로 되어 있는 것을 말해. 탑 꼭대기에 전망대가 있어서 워싱턴을 한눈에 내려다볼 수 있단다.

링컨 기념관은 미국의 16대 대통령 링컨을 기리기 위한 기념관으로, 아테네의 파르테논 신전을 본떠 설계했어. 미국의 1센트짜리 동전 뒷면과 5달러 지폐에는 링컨과 링컨 기념관의 그림이 실려 있지. 특히, 링컨 기념관에 있는 높이 5.8미터의 거대한 링컨 좌상은 사람들의 사랑을 한 몸에 받고 있단다.

링컨 기념관 옆에는 한국 전쟁 기념관이 있어. 한 미군 부대가 비옷을 입고 수색을 하는 모습의 동상이 세워져 있지. 그 옆의 검은 대리석에는 한국 전쟁에 참전했던 군인 2천5백여 명의 얼굴이 레이저로 새겨져 있어. 뿐만 아니라 5만 4천256명의 전사자 이름도 새겨져 있지. 당시 전쟁

에서 숨을 거둔 우리나라 군인의 수가 5만 8천127명이라고 하니 엇비슷한 숫자지?

그리고 워싱턴에는 오각형 모양이라서 '펜타곤'이라고 불리는 미 국방성 본부가 있어. 펜타곤은 미국의 모든 군대를 총괄하는 곳이지. 펜타곤은 5층 높이에 불과하지만 세계에서 단일 건물로는 최고의 규모라고 해. 이 건물에 상주하는 사람이 2만 3천여 명이라고 하니 건물 하나가 곧 도시라고 할 수 있어.

워싱턴에서 빼놓을 수 없는 곳 중 하나는 스미소니언 박물관 지구야. 1846년 영국의 화학자인 제임스 스미스슨의 기부금으로 설립된 박물관이지. 이곳은 본부인 스미소니언 캐슬을 비롯해 가장 인기가 높은 자연사 박물관과 항공 우주 박물관 등 19개의 박물관과 미술관, 그리고 도서관이 있는 종합 박물관이야. 이러한 박물관을 구경하는 데 입장료를 받지 않는 게 특징이야.

미국의 51번째 주를 꿈꾸는 도시

미국은 50개 주로 나뉘어 있어. 워싱턴 D.C.는 워싱턴주나 다른 어떤 주에도 속하지 않은 유일한 지역이지.

워싱턴 D.C. 인구는 70만 명이 넘어. 알래스카주의 인구수와 비슷하지. 워싱턴 D.C.보다 인구가 적은 주도 있는데, 57만 명 정도가 살고 있는 와이오밍주, 62만 명 정도가 사는 버몬트주가 대표적이야. 하지만 워싱턴 D.C. 사람들은 알래스카주나 와이오밍주, 버몬트주 사람들과 달리 상원 의원이나 하원 의원을 뽑지 못해. 사는 곳이 주가 아니기 때문이야. 게다가 워싱턴 D.C.는 주가 아니어서 입법권과 예산권도 없어. 여러 가지 의무만 많고 권리는 적으니 워싱턴 D.C. 사람들도 자신들의 도시가 새로운 주로 승격되어서 여러 가지 혜택을 받고 싶은 것은 당연하지 않을까?

미국은 대통령 중심제 나라이지만 입법, 사법, 행정을 분리해서 서로 견제하게 하는 삼권 분립이 철저해. 미국 의회는 주 정부를 대표하는 상원과 주민을 대표하는 하원으로 이루어진 양원제 체제인데, 미국에서 새로 만들어지는 법률은 상원과 하원을 모두 통과해야만 효력이 발생해. 다시 말해서 워싱턴 D.C.가 새로운 주가 되기 위해서는 상원과 하원의 동의를 얻어야 한다는 뜻이야.

사실 1993년에 하원에서 워싱턴 D.C.를 주로 만들자는 법안 통과를 놓고 투표를 했어. 하지만 반대표가 많아서 워싱턴 D.C.는 주가 되지 못했지. 그리고 2020년 6월 26일, 워싱턴 D.C.를 주로 승격시키자는 법안이 다시 하원에서 표결에 부쳐질 예정이야. 이번 법안도 의회를 통과하지 못할 가능성이 크지만, 워싱턴 D.C. 사람들은 자신들의 도시가 미국의 51번째 주가 되는 꿈을 버리지 않을 거야. 워싱턴 D.C.가 새로운 주가 된다면 미국 성조기에는 51개의 별이 그려지겠지?

브라질의 브라질리아

아마존이 숨 쉬는 브라질

아마존강은 총 6,516킬로미터를 흘러 대서양과 만나는 강으로 나일강에 이어서 세계에서 두 번째로 긴 강이야. 아마존강으로 흘러드는 강만 해도 천여 개가 넘어. 게다가 강의 면적은 나일강의 2배가 넘고 우리나라 전체 면적의 30배가 넘는다고 해. 그래서 아마존강은 세계에서 가장 긴 강은 아니지만 가장 큰 강이라고 할 수 있지.

아마존강 주변은 세계에서 가장 넓은 열대 밀림으로 뒤덮여 있어서 사람들이 쉽게 접근할 수 없어. 그래서 '녹색의 지옥'이라는 별명이 붙었지. 지구 전체의 20퍼센트에 가까운 산소를 만들어 내기 때문에 '지구의 허파'라는 별명도 있단다.

안타깝게도 지금은 아마존강 유역이 빠르게 파괴되고 있어. 농사지을 땅과 도로를 만들기 위해서지. 개발을 반대하는 목소리가 높지만 브라질은 국토의 약 80퍼센트가 아마존 유역이라 이 지역을 개발하지 않고서는 경제 성장을 할 수 없다고 해. 대체 누구의 입장에서 어떤 것을 선택해야 하는 걸까?

이처럼 브라질은 아마존강을 품고 있는 나라야. 남아메리카 대륙의 중앙부에 위치한 브라질은 남아메리카 대륙의 47퍼센트를 차지하는, 남아메리카에서 가장 큰 나라지. 세계에서는 다섯 번째로 커. 브라질의 인구는 남아메리카 대륙 인구의 51퍼센트를 차지하고 있어. 땅으로 보나 인구로 보나 남아메리카를 대표할 만한 나라라고 할 수 있겠지?

브라질에는 오래전부터 여러 종족의 원주민이 살고 있었어. 그런데 1500년 카브랄이라는 포르투갈 사람이 처음 발견해서 세계에 알려지게 되었지. 브라질이란 이름은 붉은 염료의 원료로 쓰이는 '파우 브라질'이라는 나무 이름에서 따온 것이라고 해. 파우 브라질은 포르투갈어로 '불꽃처럼 붉은 나무'라는 뜻이지. 하지만 16세기 초 포르투갈 사람들이 파우 브라질 나무를 거의 다 베어 버려서 지금은 식물원에서만 볼 수 있어.

브라질은 1531년부터 포르투갈 사람들이 이주해 원주민을 몰아내고 살기 시작했어. 그리고 아프리카에서 흑인 노예를 데리고 와서 사탕수수를 재배했지. 또, 17세기에는 '반데이라'라는 노예 사냥꾼 집단이 브라질의 오지를 점령해서 거의 현재의 국경까지 영토를 넓혔단다.

반데이라가 금광을 발견하면서, 브라질은 18세기 중엽에는 세계 제일의 금 수출국이 되었어. 그런데 19세기가 되자 금광 대신 커피를 재배하기 시작했지. 1850년까지는 브라질의 커피 생산액이 전 세계 커피 생산액의 절반을 차지할 정도였단다.

브라질은 1888년에 노예 제도를 폐지했어. 그리고 1964년에는 군인들에 의해 정부가 세워졌다가 1985년에 국민 선거를 통해 처음으로 민간 정부가 들어섰지. 그 후 자유 시장 경제 체제를 따르고 있단다.

　브라질 국기는 초록색 바탕에 노랑 마름모가 그려져 있고, 그 안에 파란색의 원이 있으며 원 안에는 흰색 리본이 가로질러 있어. 초록은 농업과 산림 자원을, 노랑은 광업과 광물 자원을, 파랑은 하늘을 나타내. 천구의 별자리 그림은 독립일인 1889년 11월 15일 8시 30분 리우데자네이루 하늘에 펼쳐진 것이라고 하는데 26주와 1개의 연방 자치구를 의미하는 27개의 별이 있어. 흰색 리본에는 초록색의 포르투갈어로 '질서와 진보'라는 표어가 씌어 있지.

도시 자체가 예술인 브라질리아

　브라질의 경제와 문화, 산업의 중심지는 상파울루지만 행정적으로는 브라질리아가 수도야.

　브라질리아는 1955년부터 만들어지기 시작한 인공 도시야. 천재 건축가인 루시오 코스타, 유엔 빌딩의 설계자이자 '콘크리트의 피카소'라고 불리는 오스카 니마이어 등이 설계한 비행기 모양의 도시이지. 도시 속에는 피라노아강을 이용한 인공 호수도 있어.

　수백만의 가난한 농부들이 밤낮없이 일한 끝에 빠르게 완성된 브라질리아는 1960년 브라질의 새 행정 수도가 되었어. 그전에는 리우데자네이루가 수도였지. 세종시가 우리나라의 행정 수도가 된 것과 비슷해.

　브라질리아는 브라질에서 가장 현대적인 도시라고 할 수 있어. 이렇게 수도를 중앙 고원에 만든 까닭은 해안을 따라 밀집되어 있는 인구의 집중 현상을 해소하는 동시에 내륙을 개발하려는 목적이 있었기 때문이야.

　하늘에서 보면 브라질리아는 마치 날개를 펼친 비행기 모양으로 보여. 몸체 부분에는 입법, 사법, 행정 기관을 배치하고 날개 부분에 주택과 상점, 학교를 두도록 했지. 그리고 도시의 건축물은 개성이 넘치고 초현실적인 작품들로, 황야의 한복판에 21세기가 출현한 느낌으로 설계되었어.

브라질리아 삼권 광장의 모습. 쿠비체크 대통령 얼굴을 본떠 만든 석상이 대통령 관저를 쳐다보고 있다.

1987년 유네스코에서는 독특한 미래 계획도시의 모델이 된 브라질리아를 세계 문화유산으로 지정했어. 1960년에 도시 완공이 끝난 이후 27년 만에 세계 문화유산에 등록되어서 대기 기간이 가장 짧았던 세계 문화유산이기도 해. 그래서 브라질리아는 '과거를 지니지 않는 수도'이기도 하지.

	처음에는 브라질리아에 위성 도시가 없었어. 하지만 빠르게 증가하는 인구를 수용하기 위해 타과팅가, 소브라디뇨 등 모두 8개의 위성 도시가 만들어졌고, 현재 브라질리아 전체 인구의 약 70퍼센트가 그곳에 거주하고 있지.

	브라질리아에는 독특한 건축물이 많아. 주요 건축물로는 대통령 관저, 자부루 궁, 삼권 광장, 국립극장, 텔레비전 탑, 브라질리아 대성당 등이 있지.

	대통령 관저는 브라질리아에서 제일 먼저 건설된 건물이야. 건물을 받치고 있는 기둥과 정면에 많은 유리창을 활용한 건축 양식이 특징이지. 자부루 궁은 브라질 부통령의 관저로서 대통령 궁과 가까운 곳에 위치하고 있어. 4면의 피라미드 모양으로 설계돼 있단다. 또, 삼권 광장은 대통령 청사, 국회, 연방 최고 법원이 모여 있다고 해서 3부 광장으로 불러. 광장 중앙에는 쿠비체크 대통령 얼굴의 석상이 마치 감시를 하듯 대통령 관저를 쳐다보고 있지. 군사 정권 시절에는 100미터 높이의 브라질 국기 철탑을 삼권 광장에 설치했는데 이것은 삼권 광장에서 유일하게 오스카 니마이어가 설계하지 않은 건축물이야.

국립 극장은 피라미드 반을 자른 모양으로 설계한 것이 특징이야. 또, 텔레비전 탑은 파리의 에펠탑을 모방해서 만들었어. 224미터의 높이로 시내 전경을 내려다 볼 수 있어서 관광객이 몰리는 곳이지.

한편 브라질리아 대성당은 브라질리아의 상징으로 눈부신 왕관 모양의 성당이야. 흰색 왕관 모양 조형물을 16개의 기둥이 받치고 있는 독특한 건축미가 인상적이지. 왕관은 예수가 썼던 가시 면류관을 상징한다고 해. 기둥과 기둥 사이는 스테인드글라스 등으로 만든 조형물로 장식되어 있어.

삼바와 축구의 공통점은?

전통 춤 삼바와 축구를 빼놓고 브라질을 이야기할 수는 없어.

삼바는 강하고 개성 있는 리듬에 맞춰 추는 독특한 움직임의 춤이야. 앞뒤로 걷는 단순한 스텝과, 상하·전후·좌우로 흔드는 몸동작이 특징이지. 삼바라는 이름은 백인들이 흑인들을 멸시하여 부를 때 사용하던 '삼보'에서 유래했다고 해. 하지만 지금은 삼바의 말뜻에 관심을 갖는 사람은 아무도 없어.

삼바가 오늘날의 모습으로 브라질 전역에 퍼지게 된 것은 1925년 무렵이야. 그리고 1940년대 초에는 서유럽과 미국에서도 유행하게 되었지. 지구촌 최대 축제로 손꼽히는 브라질 삼바 축제는 지구촌 축제 중 가장 화려하면서도 웅장한 스케일을 자랑해.

축구는 브라질 사람이 가장 좋아하는 놀이이자 생활 자체라고 해. 아기 돌잔치 선물로 축구공을 주고 아기가 걸음마를 뗄 무렵이면 공차기 놀이를 시작하며 어디서든 두 명만 모이면 축구를 하지. 브라질은 월드컵에서 가장 많이 우승한 나라야. 그리고 세계 최고의 축구장이 있는 나라이기도 해.

그런데 브라질의 축구 경기를 보면 선수들이 마치 삼바를 추고 있는 것 같다고 해. 브라질 축구 선수들의 발동작이 삼바의 움직임과 많이 닮았기 때문이지. 그래서 브라질 축구를 삼바 축구라고 하는 거야.

한편, 브라질은 남미에서 물가가 가장 비싼 나라야. 그런데 식당에 가면 물 대신 진한 커피가 나와. 물은 돈 내고 사서 마셔야 하지만 커피는

어떤 식당이든 공짜로 마실 수 있지. 심지어 고속버스 안에서도 커피를 마실 수 있어. 버스 안에 커피 머신이 있어서 누구나 언제든 커피를 마실 수 있게 되어 있거든.

커피가 공짜인 까닭은 브라질이 세계 최대의 커피 생산지이기 때문이야. 원래 아라비카 커피는 아라비아 남부와 에티오피아에서만 생산되었어. 하지만 터키가 커피 무역을 독점하면서 커피값이 비싸졌지. 그래서 유럽 국가들이 남미를 정복하면서 제일 먼저 원주민들을 노예로 삼아 커피를 재배했어. 이 때문에 브라질이 세계 최대의 커피 생산지가 된 거야.

브라질에서는 차려진 음식 중 취향대로 접시에 고른 뒤 저울에 올려놓고 그 무게만큼 돈을 내고 먹는 '뽈 킬로' 식당들이 점심식사 전문 식당의 대부분을 차지해. 물론 접시 무게는 빼고 계산하지. 여러 가지 종류의 음식을 먹고 싶은 만큼 먹고 돈을 낼 수 있고, 신선한 야채가 많기 때문에 많은 사람들이 이용해. 게다가 음식물 쓰레기가 생기지 않는다는 장점도 있어.

브라질의 대표 음식은 뭐니 뭐니 해도 슈하스코라고 할 수 있어. 슈하스코는 쇠고기, 돼지고기 등의 각종 육류를 소금, 양파 및 레몬 등으로 양념해서 긴 꼬챙이에 꽂아 구운 바비큐 요리야. 웨이터들이 각종 부위의 고기를 들고 와 테이블에서 잘라 주지. 양은 무제한이라 더 이상 먹을 수 없는데도 계속 들고 와서 "더 먹겠습니까?" 하고 물어봐. 그리고 브라질을 대표하는 또 다른 음식인 페이주아다는 돼지 뼈, 족발과 귀, 꼬리와 함께 검은콩을 넣어 오랫동안 끓여서 만든 거야.

아르헨티나의 부에노스아이레스

탱고의 고향 아르헨티나

"빰빰 빰빠~ 빠바바 빰빠~."라는 음악에 맞추어 두 사람이 서로의 몸을 의지하고 균형을 유지하면서 화려한 다리의 움직임을 보여 주는 춤 탱고를 아니?

탱고는 19세기 중반부터 쿠바의 무곡을 변형하여 만든, 감미로운 음악과 함께 왠지 모를 애환이 묻어 있는 아름다운 춤이야. 특히 아르헨티나의 수도 부에노스아이레스의 동남쪽에 있는 항구 마을인 라보카는 탱고가 처음 시작된 '탱고의 고향'이야. 이곳은 유럽에서 아르헨티나에 최초로 이민 온 사람들의 안식처였어. 이민자들은 타향살이의 고독과 향수를 음악과 춤으로 달래야 했지. 그것이 자연스럽게 탱고를 탄생시킨 거야. 우리는 탱고라 부르지만 아르헨티나 사람들은 '땅고'라 부르며 무척 사랑해. 탱고 없는 아르헨티나는 김치 없는 한국과 마찬가지야.

탱고의 나라 아르헨티나는 남아메리카 남부 지역의 대부분을 차지하고 있는 삼각형 모양의 거대한 국가야. 남아메리카에서 브라질 다음으로 큰 국토를 가진 나라로 브라질과 함께 남미의 두 거인이라고 불리지. 우리나라와는 지구에서 정반대에 위치해 있는 국가로 가장 먼 나라 중 하나야.

　아르헨티나는 라틴어로 '은'이란 뜻이야. 1515년 스페인의 탐험가 디아스 데 솔리스가 국토의 중앙을 흐르는 라플라타강을 따라 올라가다 은 장식을 잔뜩 몸에 걸친 원주민을 만난 뒤 은이 많다고 생각해서 붙인 이름이지.

　식민지 시대 이전의 아르헨티나 역사에 관해서는 알려진 것이 거의 없어. 1580년 이후 스페인의 지배를 받으면서부터 스페인과 이탈리아에서 아르헨티나로 많은 사람들이 이주해 왔고 도시가 만들어졌어. 그래서

아르헨티나는 이웃 나라들과 달리 흑인이 거의 없고 국민은 97퍼센트 이상이 백인이야. 백인들이 늘어나면서 원주민과 혼혈의 문화는 사라지고 백인 문화가 중심이 되었지.

땅은 넓지만 아르헨티나는 인구가 적어. 남아메리카에서 인구 밀도가 가장 낮지. 아르헨티나 사람들은 대부분 가톨릭을 믿어. 그래서 가톨릭 신자만이 대통령이 될 수 있는 자격이 있어.

1776년에는 유럽과의 무역이 늘어나면서 부에노스아이레스가 큰 항구로 발전했어. 그리고 스페인의 국력이 약해진 틈을 타서 1810년 5월 독립 혁명을 일으키고 1816년 독립을 이루었어. 1826년에는 처음으로 헌법을 만들고 공화국이 되었지.

하지만 그 후, 아르헨티나는 파라과이와 영국을 상대로 전쟁을 하게 되었어. 특히 영국과의 전쟁은 아르헨티나의 경제를 어렵게 만들었지.

아르헨티나 남쪽 끝에서 북동쪽으로 약 515킬로미터 떨어진 곳에는 말비나스 제도가 있어. 우리에게는 포클랜드 제도로 조금 더 알려져 있지. 그런데 아르헨티나 사람들은 그 섬을 '포클랜드'라고 부르는 것은 독도를 '다케시마'라고 부르는 것과 같다고 여겨. 결국 아르헨티나가 소유권을 주장하면서 군대를 보내서 1982년에 잠시 점령했지. 하지만 영국과의 전쟁에 패하면서 다시 빼앗기고 말았어. 그리고 전쟁 보상금을 물게 되면서 경제에 치명적인 영향을 끼쳤지. 하지만 아직도 아르헨티나는 말비나스 제도를 포기하지 않았어.

전쟁에서 진 아르헨티나는 정치적 혼란이 계속되어 정권이 자주 바뀌었고 악성 인플레이션, 파업, 높은 실업률 등으로 경제가 더 어려워졌지. 2001년엔 사실상 국가 파산 상태인 '대외 부채 불이행(디폴트)'을 선언하기도 했어. 쉽게 말해서 다른 나라에게 빌린 돈을 돌려줄 수 없으니 알아서 하라는 거야. 지금도 아르헨티나는 인플레가 엄청나게 심하고 실업자가 16퍼센트에 이르는 등 경제적·사회적으로 매우 어려운 상황이야.

아르헨티나 국기는 위아래 하늘색이 있고 가운데에 하얀색 줄이 있어. 하늘색과 흰색은 스페인 독립 운동에 앞장섰던 마누엘 벨그라노 장군의 복장에서 비롯했는데, 각각 하늘과 땅을 나타내지. 가운데 인간 얼굴 모습의 빛나는 태양 문장은 '5월의 태양'이라고 불리는데, 이때 5월은 1810년 독립 운동이 일어났던 때를 나타내는 거야. 한편, 국내에서는 문장이 없는 국기도 함께 사용하고 있어.

남미의 파리 부에노스아이레스

아르헨티나의 수도 부에노스아이레스는 항구 도시야. 아르헨티나 인구의 3분의 1인 1천3백만 명이 살고 있는 남미에서 세 번째로 큰 도시지. 아르헨티나의 정치, 경제, 문화의 중심지이자 동시에 남아메리카 문화의 중심지로서 '남아메리카의 파리'라 불리기도 해.

부에노스아이레스는 스페인어로 '좋은 공기'를 뜻해. '부에노'는 '좋은' 혹은 '훌륭한'이라는 뜻이고 '아이레'는 '공기'라는 뜻이야. 처음 아르헨티나에 발을 디딘 유럽인들에게 남미의 공기는 유럽에 비해서 매우 좋았어. 그래서 "얼마나 좋은 공기란 말인가." 하는 뜻으로 "부에노스 아이레스."라고 했는데 그것이 도시의 이름이 되었다고 하지. 국민 대부분이 백인인 탓도 있지만 식민지 시대의 백호주의_{백인 외의 유색 인종의 유입을 금하는 백인 우선 정책} 때문에 수도인 부에노스아이레스에는 순수 백인이 대다수야.

그런데 '남아메리카의 파리'라고 불릴 정도면 무척 아름답겠지? 지금부터 부에노스아이레스 사람들의 자랑거리를 한번 살펴볼까?

먼저 '5월의 광장'은 도시 중앙에 위치한 광장이야. 1810년 5월 25일 아르헨티나가 스페인에 대한 독립을 선언한 5월 혁명에서 이름을 땄지. 5월의 광장은 아르헨티나의 정치, 역사의 중심 무대가 되었던 곳으로, 부에노스아이레스의 심장이라고 할 수 있어.

그곳에는 5월 혁명 1주년을 기념해서 세운 독립 기념탑인 '5월의 탑'이 있는데 그 탑 속에는 아르헨티나 전국에서 수집한 흙이 들어 있다고 해. 지금의 탑은 당시에 세워진 것은 아니고 1911년에 다시 세워진 거야.

5월의 광장 정면에는 건물 색이 장미를 닮은 분홍색이어서 '핑크 하우스' 또는 '장밋빛 나는 건물'이라 불리는 대통령궁이 있어.

시내 중심에는 레콜레타 공동묘지가 있어. 1882년에 만들어진 레콜레타 공동묘지는 호화로운 조각들이 무덤을 장식하고 있어서 아름다운 묘지로 유명해. 이곳은 역대 대통령의 묘소를 비롯해서 페론 대통령의 부인 에비타의 무덤이 있는 곳으로 유명하지.

에비타는 빈민의 딸로 태어나 배우가 되었어. 그 후, 정치인 후안 페론과 결혼해서 1946년, 27세의 나이로 퍼스트레이디가 된 인물이야. 노동자와 빈민을 위한 활동을 펼쳐서 국민의 열광적인 지지를 받았지만 1952년 33세의 꽃다운 나이로 죽고 말았지. 아르헨티나 사람들은 에비타를 '아르헨티나의 여인'이라 여긴단다.

아르헨티나는 넓은 초원이 많아서 예부터 목축이 발달했어. 어떤 음식점에 가더라도 고기를 시키면 무척 많은 양이 나오지. 대표적인 음식은 아사도라는 숯불구이야. 소갈비에 소금을 뿌린 뒤 한두 시간 천천히 숯불에 구운 바비큐지. 아르헨티나에서는 모든 가족들이 모일 때나 파티를 열 때 항상 아사도를 준비한다고 해. 아사도를 먹을 때에는 여러 야채를 식물성 기름과 식초에 버무린 엔살라다를 곁들여서 먹지.

음식을 먹을 때면 탱고 음악이 나와. 큰 레스토랑에서는 탱고 공연을 쉽게 볼 수 있고 거리 어디에서든 탱고를 추는 무용수를 만날 수 있어.

부에노스아이레스에서는 최근 수년간 탱고를 문화 상품으로 적극 개발하는 '탱고 마케팅'을 통해 연간 1억 달러 이상의 관광 수입을 올리고 있어. 간접 수입까지 합치면 4억 달러가 넘는다고 하니 정말 대단한 관광 상품이지?

또, 부에노스아이레스는 남미에서는 그리 흔하지 않은 지하철을 갖고 있어. 1913년에 남미 최초로 지하철이 개통되었지. 지하철 개통과 함께 바로 운행을 시작한 나무 열차는 100년째 열심히 승객을 실어 나르고 있어. 나무 열차는 의자, 문과 벽, 창문, 천장까지 모두 나무로 만들어졌고 문은 수동이야. 더운 날씨에도 에어컨이 없어서 창문을 열어 놓고 다녀야 하지. 게다가 나무로 만든 열차라서 화재나 충돌에 약하고 유지비도 많이 든다고 해. 하지만 외국인 관광객들의 관심을 끌어서 아직까지도 95량이 운행 중이란다.

부에노스아이레스의 자랑거리

지하철 말고 정작 부에노스아이레스 사람들이 자랑스러워하는 것은 따로 있어. 세계에서 가장 넓은 길인 7월 9일 대로, 콜론 극장, 그리고 팔레르모 공원이 그것이지.

7월 9일 대로는 도심을 남북으로 가로질러 5월의 거리와 교차하는 큰 길이야. 차로는 22개에 폭이 144미터나 되는, 세계에서 도로 폭이 제일 넓다고 알려져 있어. 길 옆 거리에는 100년 넘은 고목들이 즐비하게 늘어서 있지. 7층 건물 높이에 이르는 가로수도 많아.

부에노스아이레스에 있는 콜론 극장은 밀라노의 스카라 극장, 파리의 오페라 극장과 더불어 세계 3대 오페라 공연장 중 하나야. 남미 유일의 화려한 예술의 전당으로서 600명의 연주자를 수용할 수 있는 대형 무대와 3천여 개의 객석을 자랑하며 날마다 공연이 끊이지 않지.

도시 중앙에 있는 팔레르모 공원은 면적이 400헥타르의 넓은 공원으로, 세계 3대 공원의 하나로 꼽혀. 원래는 독립 직후 독재자 후안 데 마누엘 데 로사스 대통령의 사저였는데 1874년 공원으로 바뀌면서 경마장, 장미원, 동물원, 식물원, 골프장, 미술관, 공연장, 테니스 코트가 있는 시민들의 문화 및 휴식 공간이 되었지.

이곳에 가면 은빛 자태를 뽐내는 움직이는 꽃 조형물을 볼 수 있어. 피었다가 지고 다시 피어나는 조형물이지. 2001년 IMF 외환 위기를 맞아 어려움을 겪었을 때 한 조각가가 국민에게 희망을 주기 위해서 만들었다고 해.

칠레의 산티아고

기다란 남미의 나라 칠레

3월에 포도 먹어 봤니? 우리나라 포도일까? 아니야. 국내산 포도는 6월부터 나오기 때문에 3월에는 포도를 구할 수 없어. 3~5월에 국내에 유통되는 포도는 대부분 칠레산이야. 우리나라에서 유통되는 돼지고기도 칠레산이 많지. 또, 칠레에서 잡은 홍어는 전부 우리나라로 수출한다고 해.

이것은 우리나라가 2004년 칠레와 자유 무역 협정(FTA)을 체결했기 때문이야. 우리나라가 다른 나라와 맺은 최초의 자유 무역 협정이었지. 자유 무역 협정은 두 나라 사이의 무역 장벽을 없애자는 약속이야. 즉, 대한민국은 칠레의 농산물을 값싸게 수입하고, 칠레는 대한민국의 전자 제품을 값싸게 수입할 수 있게 된 거지.

칠레는 남아메리카 남서부에 있는 나라야. 동쪽은 안데스산맥의 능선, 서쪽은 태평양과 접해 있는데 남북의 길이가 4,300킬로미터나 되지.

비가 거의 내리지 않아 세계에서 가장 건조한 아타카마 사막에서부터 아열대 우림, 중부의 농경지, 화산과 호수, 남극과 빙하에 이르기까지 생태도 다양해. 그런데 동서 평균 길이는 180킬로미터밖에 되지 않아. 그래서 남북의 길이가 동서의 길이와 무려 20배 이상 차이가 나는 좁고 기다란 모양이야.

    칠레라는 이름은 옛날 이곳에 살았던 원주민의 족장인 틸리에서 유래되었다고 해. 칠레는 1520년 마젤란이 처음 발견하기 전까지는 잉카 제

국이 지배하고 있었어. 하지만 스페인에서 파견된 발디비아 장군에 의해 1541년에 산티아고를 중심으로 식민 도시가 건설되었지. 그 후 18세기 말까지 스페인의 통치를 받았어. 그러다가 아르헨티나의 도움을 받아 1818년에 독립을 선언했지. 1879년에는 페루와 볼리비아를 상대로 전쟁을 하며 북부에 있는 아타카마 사막을 차지했어.

20세기 초에는 정치적으로 혼란이 계속되었고 1970년 살바도르 아옌데는 남미 최초로 선거에 의한 사회주의 정권을 수립했어. 하지만 1973년 피노체트 장군이 군부 쿠데타를 일으켜서 군인들이 정권을 잡았고 1989년이 되어서야 군사 정권은 막을 내렸어. 그리고 지금은 남아메리카에서 제일 잘사는 나라란다.

1817년에 만들어진 칠레의 국기는 파랑은 하늘과 태평양을, 빨강은 독립을 위해 선조들이 흘린 피를, 하양은 하얀 눈이 덮인 안데스산맥을, 별은 명예와 진보의 길잡이를 의미해.

남미의 심장 산티아고

칠레의 수도 산티아고는 지리적으로 칠레의 중앙에 위치하고 있어. 동쪽으로는 안데스의 산봉우리들이 병풍처럼 펼쳐져 있지. 칠레 인구는 1,600만 명 정도 되는데 그중 약 3분의 1인 560만 명이 수도 산티아고에 살고 있어. 산티아고는 남아메리카에서 네 번째로 큰 규모의 도시지. 규모도 크지만 400년 이상의 역사를 가진 아름다운 도시야.

산티아고는 '사도 야고보'를 스페인어식으로 표현한 거야. 그래서 스페인에도 산티아고가 있어. 스페인의 산티아고는 기독교의 순례길로 유명한 곳이지. 두 곳을 헷갈리면 안 되겠지?

칠레의 산티아고 중심에는 '무기의 광장'이라는 뜻의 아르마스 광장이 있어. 스페인 식민지 시절 군대가 훈련하던 곳이지. 지금은 분수와 야자수와 유칼립투스 등이 잘 가꾸어진 아름다운 공원이 되었어. 이 광장은 칠레 최초의 공원으로 과거엔 투우 경기도 열렸다고 해. 주변에 대성당과 역사박물관, 시 청사가 자리 잡고 있고, 16세기에 원주민의 거센 저항을 물리치고 산티아고를 건설한 발디비아의 동상도 세워져 있지.

아르마스 광장에서 남서쪽으로 500미터 지점에 있는 모네다 궁전은 칠레의 역사를 증언하는 건물로, 지금도 대통령 관저로 쓰이고 있어. 1743년 착공될 때 화폐를 생산하는 건물로 만들 생각이었기 때문에 돈을 뜻하는 모네다 궁전이라 불리게 되었지.

아르마스 광장의 북쪽에 있는 중앙 시장에는 싱싱한 해산물과 과일이 산더미처럼 쌓여 있어. 1872년에 문을 열었는데, 내셔널 지오그래픽에서 세계 10대 시장 중 하나로 선정하기도 했지.

880미터 높이의 산크리스토발 언덕은 산티아고에서 가장 높은 곳으로 산티아고 시내의 모습을 한눈에 볼 수 있지. 언덕 정상에는 14미터나 되는 거대한 성모 마리아의 동상이 우뚝 서 있어. 남아메리카에서는 어디를 가나 높은 곳만 있으면 십자가나 성모상이 있단다.

산크리스토발 언덕 위의 성모 마리아상

악마는 와인 저장고를 지킨다

칠레는 와인으로 무척 유명해. 세계적인 수출품이기도 하지. 포도가 자라기에 적합한 기후와 토지를 갖추고 있거든. 게다가 품질에 비해 값이 싸기 때문에 큰 인기를 얻고 있어. 그래서 산티아고로 가는 고속 도로 주변에서는 포도 농장을 많이 볼 수 있어.

칠레 와인의 시작은 종교와 밀접한 관련이 있어. 16세기 중반 기독교인들이 기독교를 퍼뜨리기 위해 스페인에서 포도 묘목을 들여온 것이 칠레 와인의 시작이기 때문이야. 산티아고 근처의 유명한 포도주 양조장인 콘차이토로 지하 저장고에 가면 '악마의 그림자'를 볼 수 있어. 이는 도둑이 와인 저장고에서 와인을 훔쳐 가지 못하게 주인이 악마의 그림자를 만들어 비추게 한 것이라고 해.

칠레 산티아고 남부 콘셉시온 인근의 퀴욘에서는 해마다 토마토 싸움이 열려. '토마티나'라는 행사지. 트럭에서 엄청난 양의 토마토가 쏟아지면 사람들은 수북이 쌓인 토마토 더미 속에서 토마토를 던지며 치열한 싸움을 시작해. 물론 상품 가치가 떨어지고 상대방이 다치지 않도록 단단하지 않은 토마토만을 모아서 하는 거야. 토마티나는 토마토값이 폭락하자 성난 농부들이 시 의원들에게 토마토를 던진 데서 시작되었다고 해. 정신없이 토마토를 던지다 보면 스트레스가 확 풀릴 거 같지 않니?

폭이 좁고 기다란 영토 때문에 칠레는 국내에서 이동하는 데 시간이 많이 걸려. 그래서 비행기를 많이 이용하지. 산티아고 공항에서는 미국인들이 특별한 대우를 받아. 미국인 전용 입국 심사대가 따로 있거든. 미국이 강한 나라라서 배려하는 거냐고? 그렇지 않아. 미국 사람들에게 입국세를 더 많이 받기 위해서야. 칠레는 다른 나라보다 반미 감정이 강해. 미국이 오래전 칠레 국민들의 민주화 요구를 무시하고 독재 정권을 펼쳤던 피노체트 전 대통령을 도와주었기 때문이지.

비행기뿐 아니라 고속버스도 잘 발달되어 있어. 그런데 아무리 급하다고 해도 고속버스는 100킬로미터 이상을 달리지 않아. 100킬로미터 이상 달리게 되면 버스에서 자동으로 경고음이 나오기 때문이지. 그래서 칠레의 고속버스는 속도와 시간을 정확하게 지키기로 유명해.

한편 칠레는 국가 청렴도 조사에서 중남미 국가 가운데 가장 높은 점수를 받기도 했어. 특히 영수증 주고받기 문화가 잘 정착되어 있지. 영수증을 주고받는 것이 세금을 안 내려는 사람들을 막는 최선의 방법이라고 여기기 때문이야. 칠레에서 물건을 사거나 음식을 먹고 현금으로 계산한 뒤에는 꼭 현금 영수증을 챙겨 가야 해.

마지막으로 칠레는 가족 중심 문화로 유명해. 대부분의 직장인들은 저녁에 서둘러 퇴근하고 곧장 집으로 가지. 특히 저녁에 아이들과 산책하고 놀아 주는 것이 남자들에게는 익숙한 일이야. 직장에 다니는 여성들의 비율이 높기 때문이기도 하지만 아내가 전업주부인 경우에도 하루 종일 고생했으니 잠시 쉬라고 배려하는 마음이라고 해. 여자들이 살기에는 정말 좋겠지? 아마 여자가 대통령이고 장관도 여자가 더 많기 때문이 아닐까?

4 아프리카와 오세아니아

아프리카는 우리에게 잘 알려져 있지 않은 대륙이야. 천연자원이 풍부하지만 질병과 높은 문맹률, 정부의 부패와 인권 침해, 부족 간의 충돌로 인해 세계에서 가장 가난하고 위험한 지역이기 때문일 거야.

아프리카는 적도가 지나가는 곳에 위치해 있는 무척 더운 대륙이야. 하지만 인류의 조상이 처음 살았던 곳으로 일찍부터 문명이 발달했지. 나일강 유역에서 발달한 이집트 문명이 대표적이란다. 나일강에 자리 잡고 있는 이집트의 수도이자 아프리카에서 가장 큰 도시인 카이로는 어떤 모습일까?

한편, 오세아니아는 세계에서 가장 작은 대륙이야. 오세아니아는 18세기에 발견되었기 때문에 문명은 크게 발달하지 않았지만, 아름다운 자연만큼은 거의 그대로 보존돼 있단다.

오세아니아의 대표적인 나라는 멋진 풍경과 희귀한 동물들의 나라 오스트레일리아야. 도시 대부분이 주로 유럽 이주민들에 의해 건설되었지. 특히 호주의 수도 캔버라는 나무 한 그루 없는 황무지 위에 계획적으로 만들어진 도시라고 해.

아프리카의 카이로와 오세아니아의 캔버라로 출발해 보자.

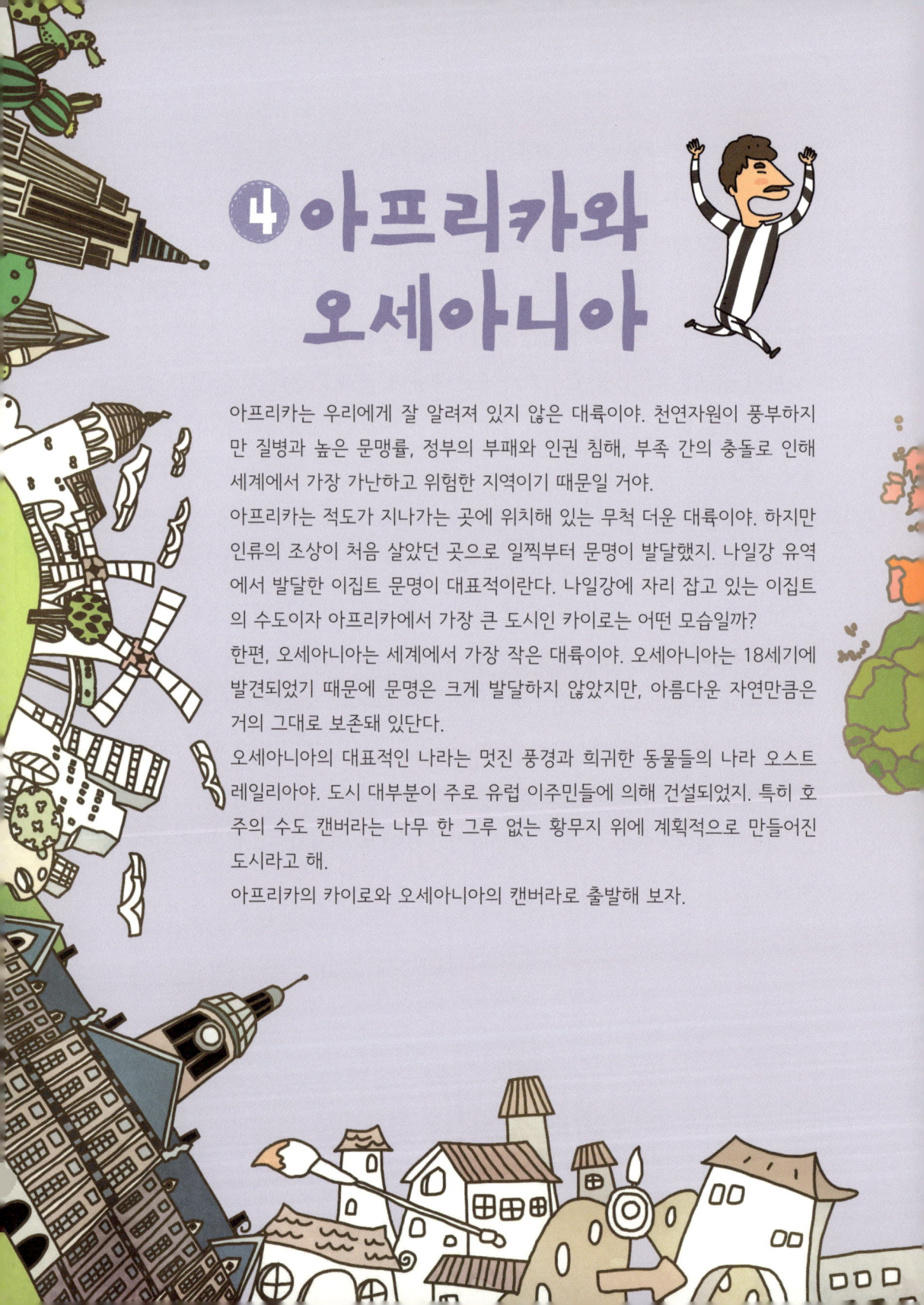

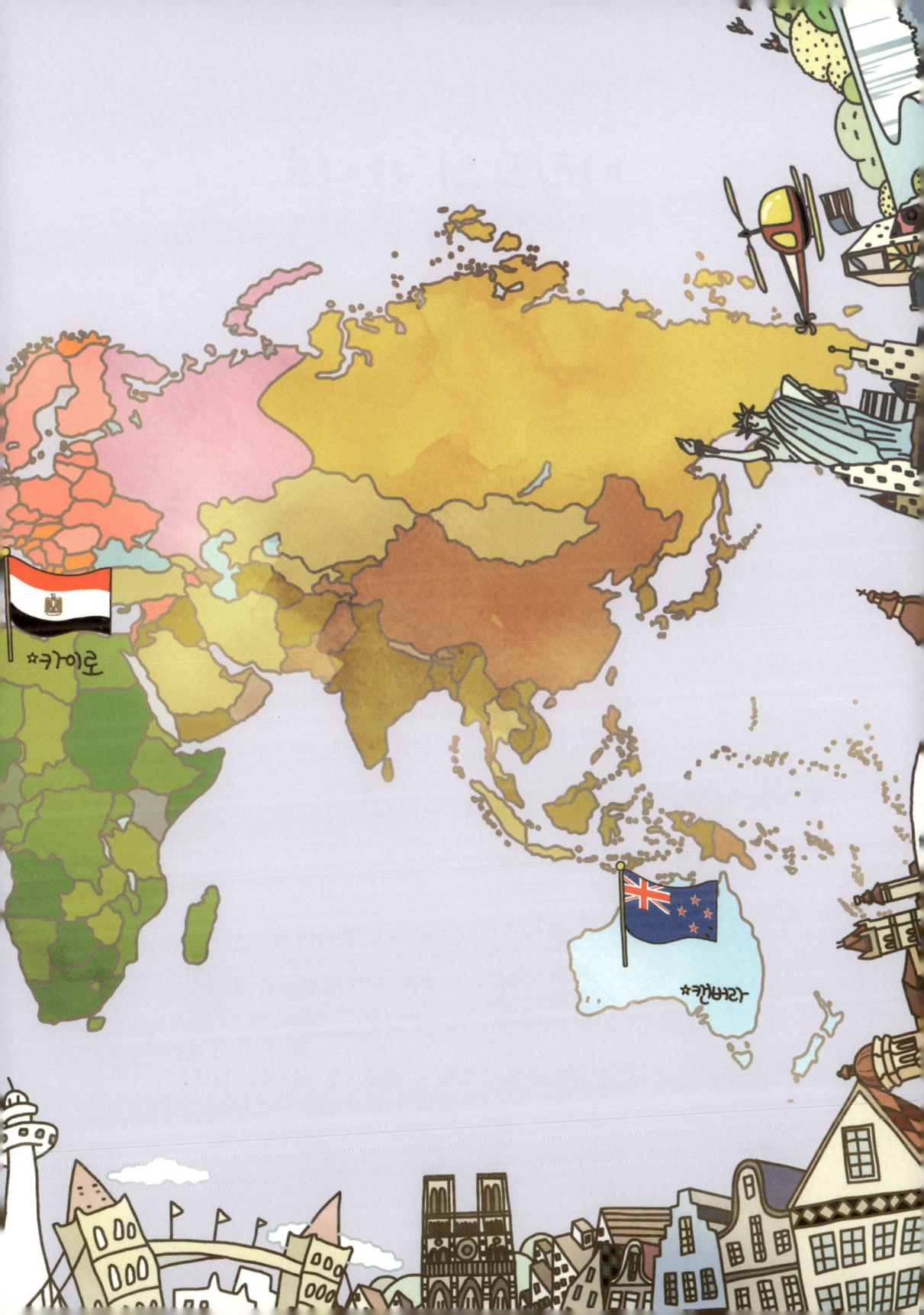

이집트의 카이로

아프리카와 아시아, 유럽을 잇는 이집트

피라미드는 수많은 돌로 쌓은, 고대 이집트 왕 파라오의 무덤이야. 그 돌 한 개의 무게는 2.5톤이 넘어. 철기도 없었던 시대에 한두 개도 아니고 230만 개나 되는 큰 돌을 어떻게 다듬었을까? 그리고 어떻게 그 무거운 돌을 어떻게 42층 건물 높이까지 쌓았을까? 이 모든 것들이 아직도 풀리지 않는 수수께끼야. 그래서 피라미드는 세계 7대 불가사의 중 하나야.

그런 피라미드를 80여 개나 가지고 있는 나라가 바로 이집트야. 이집트는 아프리카 북동쪽, 사하라 사막 안에 위치하고 있어.

국토의 80퍼센트가 사막이지만, 길이 6,695킬로미터로 세계에서 가장 긴 나일강 주변의 기름진 땅에서 농사를 지어 농산물을 생산하며 석유 자원도 풍부하지.

이집트는 고대 문명의 중심지였어. 기원전 8천 년부터 나일강 유역에서 사람들이 농사를 짓기 시작했고 기원전 3천 년 무렵부터 문명이 싹트기 시작했지. 이집트 문명은 기원전 331년까지 이어졌고 고대 4대 문명 중 가장 오랫동안 이어졌단다.

하지만 중세 시대에 동로마 제국의 일부가 되었고, 로마가 멸망한 뒤에는 640년부터 1517년에 걸쳐 이슬람 문화가 들어왔어. 그때 아랍인의 지배를 받은 뒤로 이집트는 이슬람화되었지. 그 후에는 오스만 제국에 정복되었다가 1798년에는 프랑스의 나폴레옹에 의해 점령당했어.

1801년에 프랑스의 지배를 벗어나 무하마드 알리가 근대 이집트 건설의 기초를 닦았지. 하지만 그것도 잠시뿐, 1822년부터 영국의 통치를 받게 되었어. 1922년이 되어서야 영국으로부터 독립한 후 후아드를 국왕으로 삼았단다.

그런데 이집트는 왜 이렇게 오랜 세월 동안 여러 나라의 지배를 받았을까? 그 까닭은 지리적으로 홍해와 지중해를 잇는 중요한 지역에 위치

하고 있어서 아프리카와 아시아, 유럽을 잇는 곳이기 때문이야.

영국으로부터 독립한 뒤 1952년에 나세르 혁명이 일어났고 대통령이 나라를 다스리는 공화국이 되었어. 그런데 그 후 이집트는 나세르, 사다트, 무바라크 등 군인 출신이 계속 대통령이 되었어.

특히 무바라크는 30년 동안 장기 집권을 하며 '현대판 파라오'라고 불렸지. 무바라크는 학교 교실, 광장 등에 자신의 사진을 걸게 했고 수도 카이로 지하철의 한 역은 아예 그의 이름을 따 무바라크라고 이름 지었어. 하지만 국민들의 격렬한 시위로 인해 2011년, 30년 동안 이어진 장기 집권을 끝냈어. 그리고 이집트 역사상 60년 만에 처음 치러진 자유 민주주의 선거를 통해 무함마드 무르시가 이집트의 새 대통령이 되었지.

사람들은 무바라크 지하철역 등 여러 곳에서 무바라크라는 이름을 없애려 하고 있어. 지금도 보다 더 민주화된 나라를 만들기 위해 노력하고 있지.

이집트의 국기는 위로부터 빨강, 하양, 검정의 삼색기야. 가운데 하양 칸에 '살라딘의 독수리'라고 하는 문장이 들어가 있어. 살라딘은 이슬람 세계의 지도자로, 이집트에 이슬람 왕조를 세우고 십자군을 물리쳐서 이슬람 세계를 지켜 낸 인물이라고 해. 맨 위의 빨강은 혁명과 투쟁의 피를, 하양은 평화와 밝은 미래를, 검정은 칼리프 시대의 영광과 지난날의 암흑시대를 동시에 나타내지. 칼리프는 정치와 종교의 권력을 모두 가지면서 이슬람 교단의 지배자를 뜻하는 말로 한때 이집트까지 세력을 뻗은 이슬람 제국 통치자를 부르는 말이야.

아랍 세계의 수도 카이로

카이로는 이집트의 수도이자 아프리카에서 가장 큰 도시야. 그런데 2천 년의 역사를 가진 이집트의 다른 도시들에 비해 카이로는 역사가 짧아. 고대 이집트 때는 카이로 근처의 멤피스와 바빌론이 수도였어. 하지만 10~12세기에 북아프리카를 지배하던 이슬람 파티마 왕조가 이집트를 다스리면서 카이로를 새롭게 건설했지. 카이로는 '승리의 도시'라는 뜻이야.

사막으로 둘러싸인 카이로는 중간에 나일강이 흘러. 동서로 10킬로미터, 남북으로 15킬로미터밖에 안 되는 좁은 지역에 무려 1천6백만 명이 살고 있지. 좁은 지역에 서울의 1.5배나 되는 사람이 살고 있으니 엄청 북적대겠지? 게다가 무질서하고 지저분하다면 어떻게 될까?

카이로 시내를 돌아다니다 보면 교통질서라고는 찾아볼 수 없어. 교통이 복잡하고 차선이나 신호등은 볼 수 없지. 그래서 차들은 경적을 울리며 아슬아슬 곡예를 하듯 다니고 있어. 차와 사람이 뒤섞이는 길거리에서 사람이 차에 치이면 다친 사람의 책임이라니 조심해서 다녀야겠지? 게다가 한 해에 내리는 비의 양이 30밀리미터 미만으로 거의 비가 내리지 않아 먼지가 많은 도시지. 그리고 어딜 가나 쓰레기가 널려 있어서 지저분한 느낌이야.

카이로의 시내버스는 봉고차 같은 미니버스야. 하지만 정류장 표시도 없고 버스 안에 행선지가 어디인지 적혀 있는 것도 아니야. 버스에는 남자 차장이 있는데 목이 쉬도록 행선지를 외치며 손님을 모으지. 그리고 버스도 문을 열고 그냥 달리는 것을 흔히 볼 수 있어.

카이로는 정말 복잡한 도시지? 하지만 오랜 역사를 자랑하는 곳이 많아. 특히 1902년에 문을 연 이집트 고고학 박물관은 세계에서 가장 유명한 박물관 중 하나야. 그곳에는 3천 년의 역사를 지닌 고대 이집트 보물들이 가득해. 박물관에는 107개의 전시실이 있고 1층에는 거대한 조각상이 있으며 2층에는 소규모의 조각상과 보석류, 투탕카멘왕의 유품, 미라가 전시되었지.

특히 투탕카멘 전시실에서는 세계적인 유물인 투탕카멘의 황금 마스크와 황금 관을 비롯해 파라오의 궁궐 생활을 엿볼 수 있는 귀한 유물들

이 많아. 그리고 왕족 미라 전시실에서는 11명의 왕과 왕비의 미라도 직접 볼 수 있어.

박물관의 소장품 수는 무려 12만여 점이 넘는다고 해. 평범한 돌조차 다이아몬드보다 귀한 보물로 여기기 때문이지. 이곳의 전시물을 모두 둘러보려면 3일은 족히 걸린다고 하니 그 규모를 짐작할 수 있겠지?

한편 카이로 시내에 있는 카이로 타워는 187미터 높이의 화강암으로 만들어진 세계에서 4번째로 높은 타워야. 타워의 외관은 격자무늬의 원형관 속에 기둥이 들어 있는 모양으로 로토스라는 식물을 모델로 디자인했어. 카이로 타워는 기자 피라미드보다 약 45미터 더 높아서 맨 위층 전망대에서는 기자 피라미드 지구와 카이로의 전경을 한눈에 볼 수 있지.

피라미드와 스핑크스

피라미드는 '세모꼴의 빵'을 뜻하는 그리스어에서 유래한 말이야. 태양신을 숭배하는 이집트 사람들은 왕이 죽으면 태양이 된다고 믿었지. 그래서 죽은 왕의 관을 모시는 피라미드를 만들었어. 그들은 왕이 되살아날 것을 대비하여 무덤 안을 마치 집처럼 꾸며 놓았어. 왕이 쓰던 옷, 그릇, 가구, 초상화까지 함께 놓았지.

이집트 전역에 80여 개의 피라미드가 있어. 하지만 카이로의 서남쪽 기자 지역에 있는 기자 피라미드가 제일 대표적이야. 그곳에는 쿠푸왕의 무덤으로 알려진 피라미드가 있어. 이집트 최대 규모의 피라미드이기 때문에 대피라미드라고 부르기도 하지. 대피라미드는 높이가 원래 146.5미터였는데 지금은 조금 낮아져서 137미터라고 해. 가로와 세로의 길이는 각각 230미터이고 경사는 약 51도야. 대피라미드는 평균 2.5톤의 돌을 230만 개 쌓아 올렸다고 해. 엄청나지?

피라미드를 만들기 위해서 10만 명이나 되는 사람들이 해마다 석 달씩 동원되어서 무려 20년 동안 일을 했다고 해. 고대 이집트 왕국에서 왕의 권력이 얼마나 막강했는지를 짐작할 수 있어. 그런데 왜 한 해에 석 달만 일을 했을까? 그건 나일강 때문이야. 피라미드에 사용된 돌은 채석장에서 현장까지 나일강을 이용해 운반했는데, 나일강에 물이 풍부한 봄철 석 달 동안만 운반할 수 있었거든.

대피라미드 옆에는 쿠푸왕의 아들과 손자의 무덤으로 알려진 두 개의 피라미드가 있어. 그리고 왕비의 무덤이라는 작은 피라미드 6개가 3개씩 두 줄로 배치되어 있지.

우리가 피라미드 하면 함께 떠올리는 스핑크스는 기자 피라미드 중 두 번째로 큰 피라미드를 지키고 있어. 바로 쿠푸왕의 아들인 카프레왕의 피라미드야. 스핑크스는 사자의 앞부분, 황소의 뒷부분, 독수리의 날개, 그리고 인간의 머리로 이루어진 신화 속 동물이지.

스핑크스는 전체 길이가 73미터, 높이 20미터, 폭 4미터에 달하는 거대한 하나의 석회암을 그대로 조각해 놓은 것인데, 자세히 보면 코와 수염이 부러져 있어. 부서진 코는 카이로 이집트 박물관에 있고 부러진 수

염은 영국의 대영 박물관에 보관되어 있지. 부서진 조각 하나라도 소중히 다루는 걸 보면 얼마나 소중한 문화재인 줄 알겠지?

이슬람 속의 기독교

이슬람교가 국교인 이집트에서는 90퍼센트 이상의 인구가 이슬람을 믿어. 그래서 금요일의 카이로 시내는 기도를 드리는 사람들로 가득하지. 사람들이 다니는 인도가 완전히 점령당하기 때문에 걸어 다니기가 쉽지 않을 정도야.

카이로의 유명한 호텔이나 레스토랑, 나일강 크루즈에서는 이집트 전통의 탄누라 댄스를 볼 수 있어. 탄누라는 치마라는 뜻이야. 그렇다면 여자가 추는 춤일까? 아니야. 남자가 두꺼운 치마를 입고 훌라후프를 돌리듯 추는 춤이야.

치마를 입은 남자 무용수가 음악에 맞춰 춤을 추는데 처음부터 끝까지 한 자리에서 빙글빙글 돌면서 다른 동작은 하지 않는 지극히 단순한 춤이지. 1초에 한 바퀴씩 5분 동안 300여 바퀴를 돌며 세속의 짐을 벗는 의미로 치마를 하나씩 벗어. 여러 색으로 치장된 치마가 빙글빙글 도는 모습이 마치 알록달록한 팽이가 돌아가는 것 같아 아름다워.

탄누라 댄스는 이슬람 신비주의자들의 종교 의식이 화려한 쇼로 변한 거야. 계속 빙글빙글 돌기 때문에 하는 사람이나 보는 사람 모두 어지럽지만 이렇게 오랫동안 춤을 추다보면 춤꾼은 무아지경에 빠져서 신과 소통하는 단계에 이른다고 해.

탄누라 댄스를 볼 때는 주의할 점이 있어. 공연 도중에 박수를 치거나 환호성을 질러선 안 돼. 종교 의식에서 비롯된 춤이기에 경건하게 지켜봐야 하지.

그런데 카이로는 이슬람 문명뿐만 아니라 기독교 문명도 가지고 있어. 이슬람이 국교인 나라의 수도에 기독교 문명이 있다고 하니 이상하지?

카이로 시내는 전통적인 구시가지와 유럽식 신시가지로 나누어지는데, 구시가지에는 이슬람 유적과 콥트 기독교 유적이 섞여 있어. 그곳에는 이집트 최초로 세워진 이슬람 모스크인 아무르 모스크가 있어. 모스크란 이슬람교의 예배당을 말해. 그런데 2천 년 전부터 기독교의 한 종파로 존재해 온 콥트 기독교를 믿는 사람들의 문화 유적인 콥트 교회와 콥트 박물관 등도 구시가지에 있어.

콥트 교회들로 향하는 길목에는 기독교 기념품과 서적을 파는 가게가 많아. 콥트 교회는 이슬람교의 박해를 피하기 위해 대부분 지하에 지어졌지. 1천7백여 년 전에 만들어진 콥트 교회도 아직 남아 있어. 게다가 콥트 교회는 그리스 정교회 소속이라 교회 앞에 그리스 국기가 걸려 있지.

사실 이집트에서는 종교가 국가의 정책이나 사람들의 생활에 영향을 많이 끼쳐. 부모의 종교에 따라서 자녀의 종교가 결정되고 신분증에도 종교를 표시하지. 그런데 이집트의 콥트 기독교인들은 이슬람의 종교적

탄압에도 굴복하지 않았어. 그들은 자녀가 태어나면 오른팔의 손목 안쪽에 하늘색 십자가 모양의 문신을 새겨서 변함없는 기독교인으로 살 것을 가르쳤지. 그래서 오늘날까지 옛 모습 그대로 남아 있는 거야.

  이 지역에서는 이집트 다른 곳에서는 볼 수 없는 특별한 모습을 볼 수 있어. 대부분의 이집트 여성들은 어린이부터 노인까지 히잡으로 온몸을 칭칭 감고 다니거든. 히잡은 이슬람의 전통 복식 가운데 하나로, 여성들이 머리와 상반신을 가리기 위해 쓰는 가리개야. 하지만 카이로 구시가지에서는 대부분 기독교 신자들이기 때문에 여성들도 그냥 청바지에 티셔츠를 입고 다녀. 게다가 이슬람교가 아니기 때문에 비교적 자유롭게 데이트를 즐기는 남녀들의 모습도 볼 수 있단다.

오스트레일리아의 캔버라

국토가 하나의 대륙인 오스트레일리아

너희들, 캥거루라는 동물 알지? 그렇다면 '캥거루'라는 단어가 무슨 뜻인지 아니?

캥거루를 처음 본 영국인들이 그곳에 살던 원주민에게 그 이름을 물었어. 원주민은 "캥거루."라고 대답했지. 캥거루는 원주민 말로 '나도 모른다.'는 뜻이었어. 하지만 영국인들은 그것이 그 동물의 이름인 줄 알고 캥거루라고 부르게 된 거야. 정말 모를 일이지?

그렇다면 캥거루가 어느 나라에 살고 있는지 아니? 맞아. 오스트레일리아야. 오스트레일리아는 흔히 한자식 이름으로 호주라고 불러. 우리는 좀 길어도 오스트레일리아로 불러 볼까?

오스트레일리아라는 이름은 남쪽을 뜻하는 라틴어인 '아우스트랄리아'에서 유래되었어. 오스트레일리아는 세계에서 여섯 번째로 넓은 나라야. 남북으로 약 3천7백 킬로미터, 동서로 약 4천 킬로미터에 이르는 넓이의 섬이자 지구에서 가장 작은 대륙이기도 하지. 워낙 큰 섬이기 때문에 3개의 대양과 접해 있으면서 아름다운 해안선을 갖고 있는 나라야.

오스트레일리아라는 나라가 만들어진 것은 그리 오래되지 않았어. 1770년에 영국의 해군 대위였던 제임스 쿡 선장이 엔데버호를 타고 지금의 시드니 해안에 도착했지. 그때 오스트레일리아를 발견한 거야.

제임스 쿡 선장의 눈에는 오스트레일리아가 젖과 꿀이 흐르는 풍요로운 땅으로 보였어. 그래서 영국에 오스트레일리아를 발견한 사실을 알렸지. 그러자 1788년에 영국 사람들이 태평양을 건너와서 오스트레일리아를 영국의 식민지로 선포했어. 당시 영국에서 약 천 명의 사람들이 왔는데 군인과 관리들도 있었지만 70퍼센트 이상이 죄수들이었어. 쉽게 말하

면 오스트레일리아는 유럽에서 죄수들을 귀양 보내던 곳이었지.

하지만 1793년부터 자유 이민이 시작되었고 1851년에는 금광이 여러 개 발견되면서 금을 찾으러 오는 사람들로 인해 인구가 빠르게 늘어났어. 덕분에 도시들이 생겨나게 되었지.

그 후, 1900년에는 각 주의 대표들이 회의를 해서 연방 헌법을 만들었어. 그리고 1901년 1월 1일에 영국의 자치령으로 호주 연방이 생겨나게 되었지. 1931년에는 영국으로부터 완전한 자치 승인을 받았어.

오스트레일리아의 원주민

오스트레일리아에 영국인들이 모여들면서 그 땅에 살던 원주민들과 마찰이 생겼어. 영국인들은 원주민들을 '애버리진'이라고 불렀지. 알래스카 원주민을 프랑스인들이 에스키모라 불렀던 것처럼 애버리진도 영국인이 만든 말이야.

원주민은 3만 년 전부터 오스트레일리아 대륙에 살고 있었어. 부메랑을 던져 캥거루를 잡으며 이곳저곳을 떠돌며 살았지. 그런데 영국인들은 문명과 개화라는 핑계로 그들을 멸시했고 노동력을 착취했어. 심지어 목숨까지 빼앗았지. 하지만 그동안 아무도 그 사실에 대해 사과하지 않았어. 불과 몇 년 전에야 오스트레일리아 정부가 원주민 탄압의 역사를 인정하고 사과했지. 원주민의 수는 자꾸만 줄어들어서 지금은 전체 인구의

1퍼센트밖에 되지 않아.

한편, 오스트레일리아의 국기는 파랑 바탕색에 영국 국기인 유니언 잭이 그려져 있어. 그 아래와 오른쪽엔 모두 6개의 별이 그려져 있지. 유니언 잭은 호주가 영국 연방에 속한 나라라는 것을 의미해. 그 아래 커다란 7각 모양의 별은 '연방의 별'로 불리는데, 호주 연방을 나타내. 그리고 오른쪽 5개의 별은 남십자성 별자리를 표시하여 호주 대륙의 위치를 나타낸 거야. 5개의 별 중 4개는 7각 별이지만 하나는 5각 별이라는 점이 특이해.

그런데 호주 원주민들만의 기가 따로 있다는 거 아니? 1971년에 만들어진 원주민 기의 빨강색은 땅, 노랑색은 태양, 검정색은 호주 원주민을 상징해. 하지만 땅을 빼앗긴 원주민에겐 힘이 없어. 그래서 이 깃발은 원주민 구역에서만 사용되어질 뿐이야.

황무지 위에 세운 도시 캔버라

오스트레일리아의 수도는 어디일까? 흔히 오페라 하우스가 있는 항구 도시 시드니나 멜버른을 오스트레일리아의 수도로 잘못 알고 있는 경우가 많은데, 오스트레일리아의 수도는 캔버라야. 그런데 캔버라가 처음부터 수도는 아니었어. 그렇다면 어떻게 수도가 되었을까?

1901년, 오스트레일리아에는 여러 개의 영국 식민지가 있었어. 그들은 10여 년간의 치열한 논쟁을 벌인 끝에 하나의 통합된 국가를 만들기로 합의했지. 그런데 막상 수도를 정하려고 하자 당시 오스트레일리아에서 가장 큰 도시였던 시드니와 멜버른이 서로 수도가 되겠다고 나선 거야. 결국 길고 긴 토론 끝에 두 도시의 중간 지점에 위치한 내륙에 수도를 잡기로 했어. 그곳이 바로 캔버라야. 캔버라는 원주민의 말인 '캠버라'에서 유래했어. 캠버라는 '모이는 곳'이라는 뜻이지. 수도의 이름으로 딱 어울리지?

그 후, 오스트레일리아 정부는 캔버라를 세계에서 가장 멋진 도시로 만들기 위해 국제 디자인 대회를 열었어. 그 대회에서 뽑힌 디자인으로 1913년부터 도시가 만들어지기 시작했지.

나무가 거의 없던 땅에 약 200만 그루의 나무를 심었고 운치 있는 호수를 만들면서 지금의 도시가 만들어졌어. 아직도 캔버라에서는 집을 사면 나무 세 그루를 심게 하고 있지. 이렇게 적극적으로 나무를 심은 덕에 캔버라는 인구 대비 세계에서 가장 나무가 많은 도시가 되었어.

이렇듯 캔버라는 나무 한 그루 없는 황무지 위에 독특한 상상력과 의지로 건설한 도시라고 할 수 있어. 그래서 브라질의 수도 브라질리아와 함께 계획도시로 유명하지. 우리나라의 세종시도 계획도시인 캔버라를 본떠서 만들었다고 해.

계획도시답게 사람들이 살기에는 아주 좋아. 특히 캔버라는 주민 숫자 대비 레스토랑과 카페 숫자가 전 세계에서 가장 많은 곳이야. 프랑스 파리가 그다음이라고 하지. 게다가 쇼핑몰도 잘 발달되어 있어.

우리나라의 5일장이나 7일장처럼 캔버라에는 '토요 농부 시장'이라는 것이 있어. 매주 토요일 아침 7시부터 12시까지 열리는 야외 시장이야.

토요 농부 시장에서는 생산자가 농장에서 가져온 유기농 생산물을 소비자와 직접 거래해. 농부들이 직접 가지고 나와 판매하니 싱싱하고 값도 저렴하지. 그래서 아침 일찍부터 너른 벌판에 차도 엄청 많고 사람들도 많이 붐빈단다. 장이 끝날 시간인 12시가 되면 남은 상품들을 아주 싸게 팔기도 해.

한여름의 크리스마스

오스트레일리아는 남반구에 있어. 그래서 우리나라에서 만든 세계 지도나 북반구의 나라에서 만든 세계 지도를 보면 아래쪽에 있지.

그런데 오스트레일리아에서 만든 지도는 어떨까? 오스트레일리아 사람들은 지도의 아래쪽에 그려진 것을 불쾌하게 생각해. 그래서 오스트레일리아가 위로 올라간 세계 지도를 만들어서 사용하고 있단다. 재미있지?

오스트레일리아는 우리나라와 계절이 정반대야. 우리나라가 폭설이 내리는 겨울이면 오스트레일리아는 뜨거운 여름이지. 우리는 크리스마스 때 눈을 기대하지만 오스트레일리아에서는 크리스마스 때 눈을 기대할 수 없어. 여름에 눈이 내리는 것은 불가능하니까.

　그렇다고 크리스마스를 그냥 넘기지는 않는단다. 수영복을 입어도 산타 모자는 쓸 수 있으니까 말이야. 뿐만 아니라 12월이 되면 오스트레일리아 사람들은 가정집 내부는 물론 건물 외관을 호화롭게 장식하는 풍습이 있어. 도시 곳곳마다 많은 돈을 들여 전등과 여러 가지 조형물로 번쩍번쩍 꾸민 집이 많지. 그리고 다른 사람들이 자유롭게 드나들며 구경할 수 있게 해. 그것이 바로 사랑과 나눔의 표현이라고 생각하는 거지.

　크리스마스 다음 날은 '박싱데이'야. 많은 영국 연방 국가에서 크리스마스와 함께 휴일로 정하고 있어. 박싱데이는 옛날에 크리스마스에 선물

상자를 많이 받았던 가진 사람들이 다음 날 소외된 사람들에게 자기가 받은 선물 가운데 일부를 나누었던 풍습에서 유래되었다고 해. 사람들은 휴가를 즐기고 상점들은 큰 할인 행사를 열지.

도시 속 신기한 동물들

오세아니아 대륙은 아시아 대륙과 아메리카 대륙으로부터 떨어져 있는 고립된 곳이라서 독특한 동물들이 많이 살아.

암컷의 배에 주머니가 있어서 그 안에 새끼를 넣고 다니는 캥거루, 오리 같은 주둥이와 발에 물갈퀴가 있는 오리너구리, 유칼립투스 잎을 먹고 사는 코알라, 타조 다음으로 큰 조류로 날개가 퇴화되어 날지 못하는 에뮤, 위험을 느끼거나 상대방을 위협할 때 목둘레를 우산 모양으로 펼치는 목도리도마뱀 등이 오스트레일리아 지역에서만 살고 있는 대표적인 동물이야. 이러한 동물들은 캔버라 남쪽에 있는 자연환경 보호 지역인 티드빈빌라에 가면 가까이에서 만날 수 있어.

도심 곳곳을 자유롭게 돌아다니는 동물도 꽤 많아. 캔버라 시내에서는 도로 곳곳에 동물 그림이 그려진 표지판이 있어. 동물 표지판이 보이면 속도를 줄이고 주위를 살피면서 운전을 해야 하지. 그만큼 도시에도 동물이 많다는 뜻이야.

동물원에나 가야 볼 수 있는 동물들을 집 근처에서 볼 수 있다니, 상

오스트레일리아를 대표하는 동물 캥거루. 최근에는 그 수가 지나치게 많아져서 문제가 되고 있다.

상만 해도 재미있지? 특히 공원에서 사람들이 지나가도 두 다리 뻗고 옆으로 누워 낮잠을 즐기는 캥거루들도 많단다. 그런데 요즘에는 지나치게 많은 캥거루들 때문에 골치를 앓고 있다고 해. 그 해결책 중 하나가 늙은 캥거루들을 도살하는 것이라고 하는데 실제로 시행될지는 알 수 없어.

캔버라에서는 맥파이라는 새도 자주 볼 수 있어. 우리나라의 까치처럼 흔한 새야. 눈이 빨갛고 전체적으로 검은색을 띠면서 군데군데 하얀색을 가진 맥파이는 까치랑 정말 많이 닮았어. 우리나라 까치보다는 꼬리가 좀 짧지만 말이야.

그런데 맥파이는 사람을 공격하는 무서운 새로 알려져 있어서 조심해야 해. 사람이 먹는 음식을 빼앗아 먹기도 하고 어린아이의 눈을 공격해 실명하는 경우도 있지. 특히 맥파이가 둥지를 트는 산란기에는 수컷이 알을 보호하는데, 가까이 다가가면 무섭게 공격해. 이때가 되면 캔버라 방송국에서는 '챙 넓은 모자와 선글라스를 착용하시오.'라는 광고를 하기도 해.